减税降费与最优税收研究

范晓静\著

本书出版获得
上海高校税务专业硕士学位点培优专项、上海理工大学研究生教学建设项目资助

经济日报出版社
北　京

图书在版编目（CIP）数据

减税降费与最优税收研究 / 范晓静著 . --北京：
经济日报出版社，2024. 10. -- ISBN 978-7-5196-1515-4

Ⅰ. F812. 422

中国国家版本馆 CIP 数据核字第 20241HG408 号

减税降费与最优税收研究

JIANSHUI JIANGFEI YU ZUIYOU SHUISHOU YANJIU

范晓静　著

出　　版： 经济日报出版社
地　　址： 北京市西城区白纸坊东街 2 号院 6 号楼 710（邮编 100054）
经　　销： 全国新华书店
印　　刷： 北京建宏印刷有限公司
开　　本： 710mm×1000mm　1/16
印　　张： 5
字　　数： 73 千字
版　　次： 2024 年 10 月第 1 版
印　　次： 2024 年 10 月第 1 次印刷
定　　价： 30. 00 元

本社网址：www. edpbook. com. cn，微信公众号：经济日报出版社

本社法律顾问：北京天驰君泰律师事务所，张杰律师　举报信箱：zhangjie@ tiantailaw. com

举报电话：010-63567684

本书如有印装质量问题，请与本社总编室联系，联系电话：010-63567684

前　言

自 2008 年起，我国已相继实施了几轮减税降费政策。早期，以应对国际金融危机后的全球减税浪潮；中期，为减轻企业负担、激发实体经济活力，以应对经济发展趋缓的态势；到了近期，国际趋冷的经济环境、国内结构性改革，政府出台减税降费政策，以政府收入的“减法”换取经济主体的“加法”。尽管从长期看，减税降费有利于增强经济的可持续发展能力，培育未来财源，但短期也使财政明显减收。在老龄化、地方财政支出刚性约束的背景下，持续性的减税降费无疑会增加地方政府的财政压力，进一步压缩了潜在的减税降费空间。因此，研究减税降费的空间，结合经济增长、就业稳定等目标考虑结构性减税降费问题，具有迫切的现实需求。

各地方政府财政情况不同，减税降费的空间和措施有很大差异。本书选取经济发展程度较高的 X 省作为研究对象，以研究其减税降费的空间以及最优税负问题。X 省是我国改革开放的排头兵，处于区域发展的核心地位。在全国减税降费的大环境下，X 省相继出台了一系列促发展、保民生、稳就业的财税政策。这些措施成为 X 省深化供给侧结构性改革、稳定经济、促进社会发展的重要举措。然而，持续性的减税降费也使 X 省面临着一定的财政压力。本书通过研究试图回答以下三个问题：一是 X 省面临的财政压力状况；二是 X 省的减税空间还有多大；三是如何选择税收政策，以实现最优的税收安排。

围绕上述三个问题，本书主要包括以下三部分内容。

一是 X 省财政压力的衡量与比较。此部分以财政赤字占地区生产总值的比值为衡量财政压力的指标，测算了包括 X 省在内的全国 31 个省、自治区、直辖市（不含港澳台地区）2008—2019年的财政压力值。研究发现，由于经济发展程度较高，X省财政的自给自足能力强，对财政资源的支配、管理和控制能力也较强，X省成为我国财政压力最小的省份之一。但受全球经济增速放缓影响，财政压力也逐年上升。

二是X省减税降费空间的估算。此部分主要以2018—2020年X省公开数据为基础，在X省社会保障、卫生健康与城乡社区发展、教育、科技创新等财政支出领域保持必要增长的前提下，静态估算了X省2021—2023年潜在的减税降费空间。主要依据地方政府的财政平衡公式，即地方一般公共预算收入+地方结转结余及调入资金+中央财政税收返还和补助收入+地方政府一般债务收入+动用预算稳定调节资金=地方一般公共预算支出+补充预算稳定调节资金+上缴中央财政支出+地方政府一般债务还本支出+结转下年支出，通过设定五个假设前提，估算了五种不同情形下，以X省当年盈余资金额度为尺度的减税降费空间。

三是X省最优税负研究。此部分利用动态随机一般均衡模型（DSGE），分析了X省宏观税负和单一税种税率的合理空间。并在保持现阶段税收收入不变的情况下，从结构性减税角度分析了劳动所得税和资本所得税的不同税率组合与产出的关系，并将获得最大产出的税率组合作为最优税负。分析了从当前税率到最优税率的变动对经济系统产生的影响，对比税率调整政策以及生产率提高带动经济系统的变化。通过税率调整及提高生产率两个政策的结合，比较优劣势，实现经济系统的平衡发展。

本书于2020年底完成，保留了疫情前的研究结果，为与将来的进一步研究作对比。在写作过程中借鉴了国内外丰富的文献资料，在此谨向所有作者表示由衷的感谢。特别感谢李彦萱对减税降费估算部分的助研工作。感谢经济日报出版社张乐编辑的辛苦工作。期望本书能对减税降费空间及最优税负的研究提供理论上的支持和借鉴。然而囿于本人专业水平，研究还存在很多不足，恳请广大专家和读者批评指正。

作者

2024年1月

目　录

第一章　减税降费与财政压力测算

从2008年开始，我国相继出台了几轮“减税降费”政策，以政府收入的“减法”换取企业效益的“加法”。尽管从长期看，减税降费有利于增强经济可持续发展的能力，但短期内也对财政收入产生了明显的减收效应。《关于X省2019年预算执行情况和2020年预算的报告》中提到，2019年全省新增“减税降费”总额超过2022亿元，相应地方一般公共预算收入减少约788亿元，影响全省一般公共预算收入增幅11个百分点。

一方面，减税降费挤压了X省地方政府的财政收入，突如其来的新冠疫情又加剧了经济周期下行的趋势，造成地方财政收入进一步紧缩。另一方面，以老龄化为代表的地方政府刚性支出降低了财政支出的弹性空间，特别是在经济下行的影响下，社会保障支出的增加硬化了支出刚性。在此约束下，持续多年的减税降费将影响政府财政压力。

本章首先梳理了国家及X省出台的减税降费政策措施及减税效果，分析X省及全国其他省级地方政府2008—2019年的财政压力状况，以对比X省的财政压力。

第一节　近年减税降费政策梳理

一、政策梳理

表 1.1 列示了 2017—2019 年国家及 X 省出台的部分减税降费政策，从税种来看，既涉及增值税、企业所得税、个人所得税等主要税种，也涉及房产税、城建税、城镇土地使用税等小税种。其作用目标既有促生产、稳就业，又有保民生，减税在国民经济中的作用日益深化和显著。从减税规模看，2018 年 X 省减税降费总规模超过 500 亿元，2019 年超过 2022 亿元。2020 年受疫情影响，X 省上半年实现地区生产总值 1.73 万亿元，比上一年同期下降 2.6%，而 1—8 月，X 省由税务部门征收的税收和非税收入累计新增减税降费 441.9 亿元，为支持疫情防控和经济社会发展贡献了税收力量。

表 1.1　近年国家及 X 省出台的部分减税降费政策梳理

政策目标	涉及税种及减税对象	执行阶段	措施
通过减税降低纳税人生产经营成本	企业所得税 化妆品、医药、饮料制造或销售企业	2021.01.01—2025.12.31	**财税〔2020〕43 号** 对化妆品制造或销售、医药制造和饮料制造（不含酒类制造）企业发生的广告费和业务宣传费支出，不超过当年销售（营业）收入 30% 的部分，准予扣除；超过部分，准予在以后纳税年度结转扣除。
	增值税 服务性企业	2019.10.01—2021.12.31	**财税〔2019〕87 号** 允许生活性服务业纳税人按照当期可抵扣进项税额加计 15%，抵减应纳税额。生活性服务业纳税人，是指提供生活服务取得的销售额占全部销售额的比重超过 50% 的纳税人。
	企业所得税	2018.01.01—	**财税〔2018〕51 号** 企业发生的职工教育经费支出，不超过工资薪金总额 8% 的部分，准予在计算企业所得税应纳税所得额时扣除；超过部分，准予在以后纳税年度结转扣除。

续表

政策目标	涉及税种及减税对象	执行阶段	措施
通过减税降低纳税人生产经营成本	增值税	2018. 01. 01	**财税〔2017〕90号** 纳税人租入固定资产、不动产，既用于一般计税方法计税项目，又用于简易计税方法计税项目、免征增值税项目、集体福利或者个人消费的，其进项税额准予从销项税额中全额抵扣。
	印花税 小微企业	2018. 01. 01—2020. 12. 31	**财税〔2017〕77号** 金融机构与小型企业、微型企业签订的借款合同免征印花税。
	企业所得税 保险企业	2019. 01. 01—	**财税〔2019〕72号** 保险企业发生与其经营活动有关的手续费及佣金支出，不超过当年全部保费收入扣除退保金等后余额的18%（含本数）的部分，在计算应纳税所得额时准予扣除；超过部分，允许结转以后年度扣除。
	增值税 小规模纳税人 企业所得税 小微企业	2019. 01. 01—2021. 12. 31	**财税〔2019〕13号** 对月销售额10万元以下（含本数）的增值税小规模纳税人，免征增值税。 对小型微利企业年应纳税所得额不超过100万元的部分，减按25%计入应纳税所得额，按20%的税率缴纳企业所得税；对年应纳税所得额超过100万元但不超过300万元的部分，减按50%计入应纳税所得额，按20%的税率缴纳企业所得税。
	城镇土地使用税 物流企业	2020. 01. 01—2022. 12. 31	**财税〔2020〕16号** 对物流企业自有（包括自用和出租）或承租的大宗商品仓储设施用地，减按所属土地等级适用税额标准的50%计征城镇土地使用税。

续表

政策目标	涉及税种及减税对象	执行阶段	措施
通过减税降低纳税人生产经营成本	增值税 金融机构	2018. 09. 01—2020. 12. 31	**财税〔2018〕91 号** 对金融机构向小型企业、微型企业和个体工商户发放小额贷款取得的利息收入，免征增值税。金融机构可以选择以下两种方法之一适用免税：1. 对金融机构向小型企业、微型企业和个体工商户发放的，利率水平不高于人民银行同期贷款基准利率 150%（含本数）的单笔小额贷款取得的利息收入，免征增值税，高于人民银行同期贷款基准利率 150%的单笔小额贷款取得的利息收入，按照现行政策规定缴纳增值税；2. 对金融机构向小型企业、微型企业和个体工商户发放单笔小额贷款取得的利息收入中，不高于该笔贷款按照人民银行同期贷款基准利率 150%（含本数）计算的利息收入部分，免征增值税，超过部分按照现行政策规定缴纳增值税。
降低疫情对实体经济的影响	增值税 小规模纳税人 个人所得税 个人	2020. 03. 01—2020. 05. 31	**财税〔2020〕13 号** 对湖北省增值税小规模纳税人，适用 3%征收率的应税销售收入，免征增值税；适用 3%预征率的预缴增值税项目，暂停预缴增值税。除湖北省外，其他省、自治区、直辖市的增值税小规模纳税人，适用 3%征收率的应税销售收入，减按 1%征收率征收增值税；适用 3%预征率的预缴增值税项目，减按 1%预征率预缴增值税。 对湖北省境内的个体工商户、个人独资企业和合伙企业，代开货物运输服务增值税发票时，暂不预征个人所得税；对其他地区的上述纳税人统一按代开发票金额的 0.5%预征个人所得税。
	增值税、 企业所得税 电影行业	2020. 01. 01—2020. 12. 31	**财税〔2020〕25 号** 对纳税人提供电影放映服务取得的收入免征增值税；对电影行业企业 2020 年度发生的亏损，最长结转年限由 5 年延长至 8 年；免征文化事业建设费；本公告发布之日前，已征的按照本公告规定应予免征的税费，可抵减纳税人和缴费人以后月份应缴纳的税费或予以退还。

续表

政策目标	涉及税种及减税对象	执行阶段	措施
促进X省自贸区发展	企业所得税	2020.01.01—	**财税〔2020〕38号** 对新片区内从事集成电路、人工智能、生物医药、民用航空等关键领域核心环节相关产品（技术）业务，并开展实质性生产或研发活动的符合条件的法人企业，自设立之日起5年内减按15%的税率征收企业所得税。
X省减税降费促民生	个人所得税 残疾、孤老人员和烈属	2020.01.01—2022.12.31	**X财发〔2020〕1号** 本市残疾、孤老人员和烈属取得劳动所得，在一个纳税年度内全年减征个人所得税的税款以7320元为限额，不足7320元的，据实减征。
X省减税降费促民生	5种税及附加 建档立卡贫困人口	2019.01.01—2021.12.31	**财税〔2019〕22号** 建档立卡贫困人口，从事个体经营的，自办理个体工商户登记当月起，在3年（36个月，下同）内按每户每年14400元为限额依次扣减其当年实际应缴纳的增值税、城市维护建设税、教育费附加、地方教育附加和个人所得税。 符合条件的企业招用建档立卡贫困人口的人员，与其签订1年以上期限劳动合同并依法缴纳社会保险费的，自签订劳动合同并缴纳社会保险当月起，在3年内按实际招用人数予以定额依次扣减增值税、城市维护建设税、教育费附加、地方教育附加和企业所得税优惠。定额标准为每人每年7800元。
降本增效	8种税及附加 小规模纳税人	2019.01.01—2021.12.31	**X府规〔2019〕10号** 对×省增值税小规模纳税人减按50%征收资源税、城市维护建设税、房产税、城镇土地使用税、印花税（不含证券交易印花税）、耕地占用税和教育费附加、地方教育附加。

续表

政策目标	涉及税种及减税对象	执行阶段	措施
促就业	5种税及附加 创业就业 有关群体	2019.01.01— 2021.12.31	**财税〔2019〕22号** 持《就业创业证》（注明“自主创业税收政策”或“毕业年度内自主创业税收政策”）或《就业失业登记证》（注明“自主创业税收政策”）的人员，从事个体经营的，自办理个体工商户登记当月起，在3年（36个月，下同）内按每户每年14400元为限额依次扣减其当年实际应缴纳的增值税、城市维护建设税、教育费附加、地方教育附加和个人所得税。 符合条件的企业招用在人力资源社会保障部门公共就业服务机构登记失业半年以上且持《就业创业证》或《就业失业登记证》（注明“企业吸纳税收政策”）的人员，与其签订1年以上期限劳动合同并依法缴纳社会保险费的，自签订劳动合同并缴纳社会保险当月起，在3年内按实际招用人数予以定额依次扣减增值税、城市维护建设税、教育费附加、地方教育附加和企业所得税优惠。定额标准为每人每年7800元。
促就业	5种税及附加 自主就业退役 士兵创业就业	2019.01.01— 2021.12.31	**X财发〔2019〕2号** 自主就业退役士兵从事个体经营的，自办理个体工商户登记当月起，在3年（36个月，下同）内按每户每年14400元为限额依次扣减其当年实际应缴纳的增值税、城市维护建设税、教育费附加、地方教育附加和个人所得税。 符合条件的企业招用自主就业退役士兵，与其签订1年以上期限劳动合同并依法缴纳社会保险费的，自签订劳动合同并缴纳社会保险当月起，在3年内按实际招用人数予以定额依次扣减增值税、城市维护建设税、教育费附加、地方教育附加和企业所得税优惠。定额标准为每人每年9000元。

二、减税效果的文献评价

从减税降费政策实施的效果看，2016 年以来，全面“营改增”和全面减税降费政策的效果不断显现，宏观税负开始下降。杨灿明（2017）认为减税降费政策切实降低了企业税负，促进了中小企业、创新型企业的健康发展。庞念伟（2019）通过构建一个包含家庭、厂商、政府三部门的 DSGE 模型，研究减税政策的效果。结果发现减税会刺激经济增长，但不同减税措施呈现不同的效果：消费税和劳动税减免能够带动消费和就业，但会抑制投资；资本税减免会带动投资，但抑制就业和消费。王业斌、许雪芳（2019）选取“中国小微企业调查”的微观数据为数据来源，综合分析了减税降费政策对小微企业劳动生产率的影响。研究发现，小微企业面临的实际税费负担与其劳动生产率之间存在着显著的负相关关系，减税降费可以有效提高小微企业的劳动生产率。杨森平、刘晓瑛（2020）通过事件研究法，测算上市制造业企业在政策执行前后的收益率变化，以此研究减税降费政策对制造业企业价值的影响。研究发现，减税降费政策对样本企业的收益率有提升作用，而且中低技术制造业企业以及广东、浙江以外地区的制造业企业收益率提升的幅度更大。李传宪、周筱易（2020）以 2014—2018 年沪、深 A 股上市公司 6765 个样本为研究对象，发现减税降费可以在一定程度上降低企业的债务融资成本。从作用机制上看，减税降费可以增加企业现金流量、降低企业费用支出和金融化动机，提升企业的劳动生产率，进而降低债务融资成本。

从减税降费的实现路径看，杨灿明（2017）提出应完善分税制财政体制，构建财权与支出责任相统一的央地关系，落实税收法定原则，积极转变政府职能，进一步降低企业制度性交易成本等，以推进后续减税降费改革。庞凤喜、牛力（2019）认为与原有短期性、局部性和碎片化的减税政策相区别，新一轮减税降费的直接目标是对企业纳税人实施更具实质性与普惠性的降负，具体举措包括“简税”、优化主要涉企收费项目及其征收办法、深化简政放权和相关配套改革。丛中笑、蒋武鹏（2020）认为在减税降费背景下应强化预算监督，重塑预算监督理念，重构预算监督机制，完善预算监督路径，建立健全党委、人大、公众以及司法的协同预算监督体制，构建国家财政权与国民财产权之间的良性“取予关系”。张念明（2020）总结了2008年以来我国减税降费政策的脉络，并提出了新一轮更大规模减税降费的实施路径：明确政策实施的需求导向、实体导向与效果导向，以主体税费改革推动制度性减负，以清洁优化税费优惠完善宏观调控，以理顺传导机制打通减负传递通道，切实增强减税降费实质获得感。

从减税降费背景下财政可持续性问题看，黄婕（2019）对海门市（2020年撤市设区）在财政减税降费背景下的收支实况进行具体分析，认为要保障基层财政的可持续运行需大力推行财政支出改革。具体可以从创新预算管理机制、重塑财源结构扩大税基、压缩调整预算支出与减税降费联动等多点发力，着力将财政支出端的调整作为治本之策。张学诞、李娜（2020）在减税背景下基于财政可持续性约束矩阵建立静态和动态模型发现，减税总体上不利于地方财政可持续，地方债务约束变动显著地正向影响了地方举债行为。刘安长（2019）认为我国现阶段财政收入增长乏力、财政支出刚性增加、债务负担较重及区域间财政不平衡，财政可持续性面临较为严峻的形势。具体来看，政府可以从保持经济增长在合理区间，多渠道盘活沉淀资金，提升财政资金使用效率，提升国有资本经营收益上缴比例，通过信息化建设提升税收的征管水平和征管效率，完善转移支付制度，健全地方税体系等方面采取应对措施。

学者们对我国减税降费问题持续进行了多角度的研究，这些研究结果具有很高的学术借鉴价值。从近年来我国及X省经济社会的发展状况看，在新冠疫情冲击及全球经济增速放缓的背景下，我国特别是X省表现出的宏观经济弹性、微观经济主体的竞争力和活力，都印证了减税降费的巨大成效。因此，本研究不再从学术上分析减税降费效果，而要充分认可减税降费的重要作用，以此为起点开展减税降费空间及最优税负问题的后续研究。首先需要解决的问题是，持续多年的减税降费是否引发了地方政府的财政压力，如果政府财政压力过大，则势必影响减税降费的空间。本章第（二）节对地方财政压力进行测算，以分析 X 省减税降费的空间容量。

第二节　财政压力测算

一、有关财政压力的文献综述

政府的财政压力是引起历史变革的主要原因（约翰·希克斯，1987）。英国经济学家斯蒂芬·贝利（2006）将财政压力定义为，提供一单位公共产品或服务的成本超过提供该项公共产品或服务时所需的经费。财政压力是财政收支长期不平衡导致的，最终在地方公共财政上产生结构性缺口。财政压力会激励政府争取更多的税收收入，同时降低政府提供公共物品和服务的规模。Jeffrey I. Chapman（2008）认为除非改变财政收支体系，否则财政可持续性在国家和地方层面都有可能会消失。Alam 等（2019）认为地方政府会利用经济社会环境对政府收支级别进行控制，同时政策制定者也可以依据政府收支能力有针对性地设计财政转移政策来维持地方政府服务的可持续性。贾康、白景明（2002）指出分税制之后，地方政府的财权与事权划分出现了明显不匹配，导致地方政府财政收支不平衡，产生财政赤字。而财政赤字的长期存在必然导致财政压力（古志辉、蔡方，2005）。

财政压力是否会引起支出结构的变化，研究结论不一。Khandelwal（2015）在分析印度财政支出结构时认为，财政压力、赤字与公共卫生支出之间并不存在显著的相关关系。Vladisavljevic（2017）在研究塞尔维亚政府的高额财政赤字问题时发现，政府通过削减公共部门工资、实行紧缩的财政政策、缩小一般公共服务等方式调整了财政支出结构。也有学者研究了我国地方政府财政压力对财政支出结构的影响。特别是在"营改增"后，地方税体系尚未建立，地方政府的财政压力进一步加大（田志刚等，2013）。有学者分析，财政压力与政府债务之间并不是简单的线性关系，财政压力越大，其与政府债务之间的正向关系越显著（张曾莲、张瀚之，2019）。

结合本研究，政府的减税降费空间受财政支出的约束。当地方政府财政支出不变或增加时，在收支平衡的制度约束下，政府税收收入减少的空间有限。当政府减税突破一定限度后，将限制财政支出的增加，甚至引起财政支出的下降。考虑到社会保障等刚性支出不能减少甚至有所增加后，财政支出的结构必然面临调整，特别是教育、卫生、环保等支出有下降的可能。因此，应在一定空间范围内减税降费，以避免财政支出规模与结构的较大调整。

二、财政压力衡量指标

综合前人研究成果，财政压力是指一个国家或地区在多个财政运行年度，政府财政支出需求超过财政收入供给造成的财政收支紧张关系。不同学者对其衡量的指标不同，主要采取的指标如表 1.2 所示。

表 1.2　财政压力衡量指标及文献来源

衡量指标	文献来源
财政支出/财政收入	范小敏、徐盈之（2018），余英、李晨（2018）
（财政支出—财政收入）/财政收入	高正斌、倪志良（2019）
（财政收入—财政支出）/地区生产总值	毛捷 等（2020）

本研究选取财政赤字与该地区生产总值的比值作为衡量财政压力的指标，以比较 X 省及其他省级地方政府的财政压力状况，其中财政赤字是指某一财政年度财政支出超过财政收入的数额，如式（1.1）所示。

财政压力=本地区财政赤字/本地区生产总值

=（本地区财政支出-本地区财政收入）/本地区生产总值　（1.1）

财政收支及地区生产总值数据均来自国家统计局2008—2019年全国31个省级地方政府的财政数据（不含港澳台地区）。

三、X省财政压力对比分析

X省财政压力总体较小，在2008—2012年财政压力值在2.18%—2.99%，处于主要经济大省之后，位于全国前五位；在2013—2019年，X省财政压力值除2018年外，其他年份均位于全国前列。可以看出，X省的财政压力总体属于全国最小的省份之一。但从数值上来看，2013—2019年全国各省份财政压力值都有所增加，X省在2015年、2017年、2018年、2019年的财政压力值接近3%，特别是2018年将近4%。这说明，相比2008—2012年，2013年及以后各年份（也是逐步加大减税降费力度的年份），包括X省在内的全国各省的财政压力值均在不同程度地提高，只是X省提高的幅度相对较小，以至于排名靠前。

总体而言，由于经济发展程度较高，X省的财政自给自足能力较强，对财力的支配、管理和控制能力也较强。但受经济发展新常态以及新冠疫情的影响，宏观经济在中低区间增长，地方的财政压力也呈现出逐年上升的趋势。地方政府财政压力增加，势必引起财政支出的变动，图1.1显示了2008—2018年X省财政支出结构的变化。

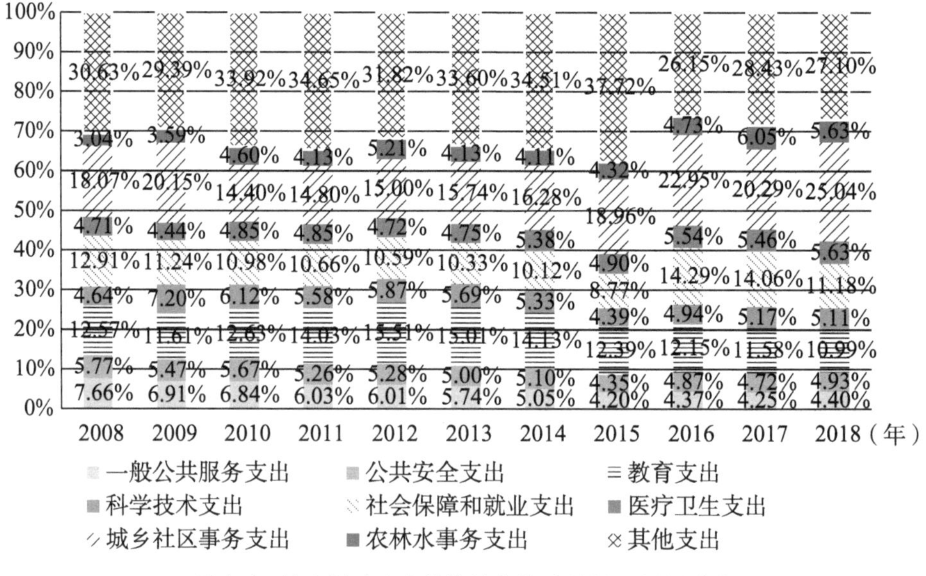

图 1.1　X 省财政支出结构的变化（2008—2018 年）

数据来源：根据国家统计局网站相关数据测算得出。

从图 1.1 可以看出，X 省财政支出结构在 2008—2018 年存在动态变化，农林水事务支出、城乡社区事务支出、医疗卫生支出、科学技术支出占比呈现增加的趋势。教育支出、社会保障和就业支出、一般公共服务支出占比有所下降，公共安全支出占比稳定。其中既有财政政策的主动变化，也有财政压力导致的被动变化。这一判断也获得了研究的支持，如梁媛（2019）通过实证研究发现，财政压力与财政支出结构变化间存在显著的正相关关系，当财政压力提高时，财政支出结构变化也会增大，这意味着财政压力越高，政府对财政支出的调整也就越大。进一步来看，财政压力对地方政府主要支出项目的结构变化有不同的影响，当财政压力提高时，一般公共服务、教育、科学技术的支出比重有所下降；社会保障与就业、医疗卫生、城乡社区和农林水事务等支出的比重反而有所提高；支出相对刚性的公共安全支出比重受财政压力的影响不明显。

考虑到在上文分析中 X 省财政压力近年有上升的趋势，若继续提高，可能会对一般公共服务、教育、科技等财政支出项目占比产生负面影响。这也是在研究减税降费空间时需要关注的视角，即不仅研究减税的总量空间，同时需要研究减税造成的政府压力提升对支出结构变化，进而对经济系统产生的影响。因此，本书第二章在设定相关条件的基础上，在不同财政收支假设情景下和社会保障、城乡卫生健康与社区、教育、科技创新等财政支出领域实现必要增长的前提下，对 X 省减税空间进行了静态估算。

第二章　X 省减税降费空间的估算

前文测算的结果显示 X 省财政压力较小，意味着有进一步减税降费的空间，本章从 X 省2018—2020 年财政收支实际数据出发，估算了之后三年（2021—2023 年）在不同情景下 X 省的减税空间。

第一节　减税空间的文献综述

从减税降费的空间来看，孙化钢（2016）基于经济增长率最大化目标，构建模型测算出中国最优宏观税负为 22.01%，低于不同口径算出的宏观税负水平，存在一定的减税空间。结合全国财政预算数据，测算出中国 2015 年的减税空间，上限为 13887 亿元，下限为 6943 亿元。张鹏辉、李雅敏（2020）通过构建财政收支平衡模型来测算未来我国减税降费的潜在空间。结果表明，未来几年内我国减税降费的空间并不大，2020—2023 年减税降费的最大潜在空间分别为 5850 亿元、2224 亿元、0 元、0 元。隋京岐等（2020）根据聚类分析和基于时间差分的减税降费差分比模型，探讨重庆不同行业的减税降费空间，结果发现房地产行业、住宿和餐饮业的减税降费空间较大，可以针对这两个行业实施后续的减税降费政策。闫坤、于树一（2018）认为当前我国需要加大减税降费的政策力度，拓展其政策空间。但由于降低宏观税负的空间有限，无法通过直接降低宏观税负来充分满足这一现实需要，因此，对宏观税负进行了结构性分解，发现从市场主体的“税感”入手，可以有效扩展降低宏观税负的政策思路，开启减税降费的新方向。李莹（2019）认为全球减税竞争加剧、国内总需求偏弱，企业减税获得感不强，增加了社会对更大规模减税降费的需求，而财政收入增速的放缓与财政支出刚性压缩了减税降费的空间。减税降费的措施包括降低增值税、企业所得税的税率，降低企事业单位为职工缴纳“五险一金”的比例。

Dandan Dang 等（2019）在研究经济政策的不确定性对企业税负的影响时发现，经济政策不确定性与企业税负正相关，而且税率越高，影响越大，这一研究结果意味着保持经济政策的透明度和稳定性有助于有效地减轻税收负担。L. Abbiati 等（2020）通过向纳税人提供关于税款如何分配给公共产品以及公共支出构成的信息，来测试这些信息是否会影响纳税人对政府征税税率的认可。结果发现这些信息对适当税率水平并没有影响。并且，纳税人在表达对如何利用税收收入为公共产品和服务提供资金偏好时，甚至愿意接受更高的税负。

现有研究主要测算了全国层面不同时期的减税降费空间，而对地方财政的减税空间研究却较少。考虑到各地财政收支差异较大，宏观层面的减税空间对地方财政产生的影响各有不同，从地方实际财政收支情况入手设定不同情景，估算本地的减税降费空间将更适合本地区的财政状况，也可以更有针对性地应对宏观层面的税收政策调整。本章第二节设定了 X 省减税空间估算的四个前提条件，第三节针对不同的财政收支情况，进行了五种情景估算。

第二节　X 省减税降费空间估算的前置条件

本书利用财政收支科目来构建地方财政收支平衡模型，如公式（2.1）所示。

地方一般公共预算收入+地方结转结余及调入资金+中央财政税收返还和

补助收入+地方政府一般债务收入+动用预算稳定调节资金=地方一般公共预算支出+补充预算稳定调节资金+上缴中央财政支出+地方政府一般债务还本支出+结转下年支出 (2.1)

其中，结转结余及调入资金包括调入资金和上年结转资金。

下文估算减税空间的思路是从公式（2.1）出发，通过推算未来各个变量变化趋势来测算减税空间，将公式（2.1）的盈余资金额度作为当年减税降费的空间。

一、条件一：一般公共预算收入和支出的设定

1. X 省地区生产总值增速假设

表 2.1 为 2001—2019 年 X 省生产总值的实现情况。2016—2018 年 X 省生产总值以近 10%速率增长，2019 年 X 省生产总值增长率更是达到了 16.8%。研究假定当前积极的财政政策方向不变，考虑疫情对 X 省 2020 年第一季度经济的影响和“十三五”规划目标任务完成情况，结合 X 省国民经济和社会发展第十四个五年规划和二〇三五年远景目标的建议，2021—2023 年是第十四个五年规划的开端和起步，在 2035 年到来的十年内，发展愿景设想的功能全面升级，综合经济实力迈入全球顶尖经济体行列，因此得到假设 1。

假设 1：2020 年 X 省生产总值增长率为 4%，2021—2023 年 X 省生产总值年均增长率为 8%。

表 2.1　X 省 2001—2019 年生产总值 单位：万亿元

年份	地区生产总值	年份	地区生产总值
2019	3.82	2009	1.49
2018	3.27	2008	1.37
2017	3.04	2007	1.20
2016	2.75	2006	1.03
2015	2.50	2005	0.91

续表

年份	地区生产总值	年份	地区生产总值
2014	2. 36	2004	0. 75
2013	2. 16	2003	0. 63
2012	2. 01	2002	0. 54
2011	1. 92	2001	0. 50
2010	1. 69		

2. X 省一般公共预算收支增速假设

2020 年，X 省面临国家强化宏观政策逆周期调节，我国经济的基本面稳中向好、长期向好等有利的宏观条件，X 省也积聚增长的势能——三项新的重大战略任务进入全面施工期、国际博览会的溢出带动效应持续放大、营商环境持续优化等，都为 X 省财政收入增长注入了新的动力。但国际环境复杂严峻，世界经济增长持续放缓，X 省产业基础能力和产业链水平仍有待提升。从财政因素看，2019 年 4 月起实施的深化增值税改革政策，给 2020 年财政收入带来翘尾效应，这都对财政收入有较大影响。综合这些因素，本研究得到关于财政收入的假设 2。

假设 2：2020 年 X 省一般公共预算收入与 2019 年持平。2021—2023 年均增速为 10%。

考虑到 2021—2023 年是第十四个五年规划的起步期，“稳增长、稳就业”仍是财政政策实施的目标，结合往年的一般公共预算支出（累计值）与 X 省 2035 年规划的远景目标，本研究得到关于财政支出的假设 3。

假设 3：2020 年 X 省一般公共预算支出与 2019 年持平。2020—2023 年财政支出（累计值）年均增速为 6%。

二、条件二：地方政府债务的设定

公开数据显示，2018 年至 2020 年，X 省一般债务限额趋于平稳增长，而专项债务限额较往年有较大提高，增长了23.7%。根据财政收支的平衡公式(2.1)，政府的债务收入与支出是除一般公共预算收入与支出外的重要项目。后文将根据不同情景设置X省具体的债务增长幅度。

三、条件三：结转结余调入资金和上年结转收入资金的设定

X省近几年调入资金、结转收入的规模不大。因此本研究认为这两个科目主要作为预算平衡的残差调整项，并非财政结余的主要来源，和每年财政关系不大，设定假设4。

假设4：2020—2023年调入资金约为260亿元，结转收入约为230亿元。

四、条件四：中央税收返还和补助收入的设定

作为X省地方政府一般公共预算收入之外的重要财政来源之一，中央税收返还和补助收入在维持地方政府收支平衡中起到重要作用。根据往年的数据可以看出，X省的税收返还和补助收入逐年增加且增长稳定，因此得到假设5。

假设5：2020年税收返还与2019年持平，2021—2023年逐年增加5%。

此外，根据《预算法》的规定，将X省预算赤字设为0。本文结合中央财政税收返还、地方政府一般债务收入、预算稳定调节基金、人口老龄化趋势、一般性支出等不同情况进行模拟，以计算各个情景下X省的减税降费空间。

第三节　X省减税空间的情景估算

一、情景一：应对老龄化社会刚性需求

X省是我国老龄化程度较高的地区之一。老龄化社会结构要求的财政支出刚性是影响政府财政支出进而估算减税空间的首要因素。因此，情景一重

点围绕此问题展开设定。

情景一的具体场景设置如下。

（1）财政支出方面：根据 2020 年 X 省预算报告解读，假设 2020—2023 年对非刚性、非重点的一般性支出逐年压减 10%，严控“三公”经费支出。在未来三年优先保障基本民生、基本生活、基本公共服务支出。根据 X 省人口老龄化情况，假设未来三年 X 省人口老龄化逐年递增 3%，社会保障支出和医疗卫生支出在原有基础上多增 5%—8%。

（2）财政收入方面：根据 X 省国民经济和 2035 年远景目标计划与 2017—2019 年中央财政税收返还和补助的变化趋势，2020 年由于疫情的影响和减税降费政策实施滞后的影响，预计最终税收返还和补助与 2019 年持平，为 900. 8 亿元，2021—2023 年逐年增长 5%，则这三年财政税收返还和补助分别可得到的资金约为 946 亿元、993 亿元、1042 亿元。同时，受疫情和经济下行的影响，假定 2020 年政府债务收入增加 30%，2021—2023 年政府债务逐年增加 25%，2020 年预算稳定调节基金为 500 亿—600 亿元，2021—2023 年预算稳定调节基金与 2020 年持平，为 500 亿—600 亿元。

根据本章第二节的其他假设条件，以及本节收支情景设定，测算出的减税空间如表 2. 2 所示。

表 2. 2　X 省减税空间测算（情景一）　　单位：亿元

指标 \ 年度	2018	2019	2020	2021	2022	2023
①生产总值	32679	38155	39681	42855	46283	49986
②预算财政赤字	0	0	0	0	0	0
③公共财政收入	7108	7165	7165	7882	8670	9537
④公共财政支出	9427	9413	9991—10021	10611—10679	11271—11391	11989—12160
⑤实际财政赤字	2319	2248	2826—2856	2729—2797	2601—2721	2452—2623

续表

指标＼年度		2018	2019	2020	2021	2022	2023
⑥实际赤字与预算之差		2319	2248	2826—2856	2729—2797	2601—2721	2452—2623
其他收入	⑦预算调节资金	666	380	500—600	500—600	500—600	500—600
	⑧调入资金	266	273	260	260	260	260
	⑨上年结转收入	154	232	230	230	230	230
	⑩债务收入	382	462	601	751	939	1174
	⑪财政返还补助	851	901	901	946	993	1042
合计⑫=⑦+⑧+⑨+⑩+⑪		2319	2248	2492—2592	2687—2787	2922—3022	3206—3306
减税空间=⑫-⑥		0	0	-364—-234	-110—58	321—421	583—854

注：①生产总值：X省地区的生产总值。

②预算财政赤字：由地方政府的预算收支平衡得来。

③公共财政收入：X省一般公共预算收入，为非累计值，指的仅是式（2.1）左边的一般公共预算收入，由条件一中的假设条件可得。

④公共财政支出：X省一般公共预算支出，指的是式（2.1）右边的全部支出，由条件一与各情景中的条件可得。

⑤实际财政赤字：等于公共财政支出（累计值）-公共财政收入（非累计值）。

⑥实际赤字与预算之差：等于⑤实际赤字-②预算赤字。

⑦预算调节资金：由情景一给出。

⑧调入资金：由条件三的假定给出。

⑨上年结转收入：由条件三的假定给出。

⑩债务收入：由情景一给出。

⑪财政返还和补助：由情景一给出。除此之外，减税空间的上、下限由假设条件的范围结合区间内的极值得出，本章其他情景空间的测算也是如此，不再详说。

从表2.2的减税空间来看，2020年已经没有进一步减税的空间，2021—2023年随着经济发展、财政收入的提高，减税空间在300亿元至800亿元规模。

二、情景二：提升卫生健康与城乡社区发展水平

新冠疫情对经济产生了较大影响，疫后各地都加大了卫生健康支出。同

时考虑X省2035年发展规划对城乡社区发展的要求，情景二围绕此问题设定。

情景二的具体场景设置如下。

（1）财政支出方面：根据2020年X省预算公告，严控“三公”经费的支出，此处假设2020—2023年对非刚性、非重点的一般性支出压减10%，同时，考虑到X省的人口老龄化比较严重，相应的卫生健康支出也应该增加，由此，假设2020年卫生健康支出在原有支出的增速上较2019年增加10%—15%，2021—2023年逐年增加8%。另外，为实现《X省城市总体规划（2017—2035）》构建全球经济体的规划，进一步优化地方运行、社会治理、城乡格局等问题，假设2020—2023年城乡社区支出在原有财政支出的增速上继续增加1%—2%。

（2）财政收入方面：假定2020年税收返还和补助与2019年持平，为900.8亿元，2021—2023年逐年增长5%，则每年财政税收返还和补助分别可得到的资金约为946亿元、993亿元、1042亿元。在政府债务方面，受2019年减税降费的政策影响和疫情对经济的抑制效应，假定2020年债务收入增加30%，2021—2023年逐年增加25%。另外，假定2020—2023年预算稳定调节资金为500亿—600亿元。

根据本章第二节的其他假设条件，以及本节收支情景设定，测算出的减税空间如表2.3所示。

表2.3　X省减税空间测算（情景二）　　单位：亿元

指标＼年度	2018	2019	2020	2021	2022	2023
①生产总值	32679	38155	39681	42855	46283	49986
②预算财政赤字	0	0	0	0	0	0
③公共财政收入	7108	7165	7165	7882	8670	9537
④公共财政支出	9427	9413	10005—10047	10620—10666	11295—11379	12021—12134

续表

指标 \ 年度		2018	2019	2020	2021	2022	2023
⑤实际财政赤字		2319	2248	2840—2882	2738—2784	2625—2709	2484—2597
⑥实际赤字与预算之差		2319	2248	2840—2882	2738—2784	2625—2709	2484—2597
其他收入	⑦预算调节资金	666	380	500—600	500—600	500—600	500—600
	⑧调入资金	266	273	260	260	260	260
	⑨上年结转收入	154	232	230	230	230	230
	⑩债务收入	382	462	601	751	939	1174
	⑪财政返还补助	851	901	901	946	993	1042
合计⑫=⑦+⑧+⑨+⑩+⑪		2319	2248	2492—2592	2687—2787	2922—3022	3206—3306
减税空间=⑫-⑥		0	0	-390—-248	-97—49	213—397	609—822

从表2.3的减税空间来看，2020年及2021年在不利情况下，均没有进一步减税的空间，有利情况下的2021年减税空间在49亿元规模，2022—2023年随着经济发展、财政收入的提高，减税空间在200亿元至800亿元规模。总体来看，情景二的减税空间与情景一较为接近。

三、情景三：重点支持教育及科创领域发展

经济的长远发展离不开教育及科技创新，情景三从此角度出发，在严控政府支出规模的基础上，增加财政在教育科技创新领域的支持力度，以此估算减税空间。

情景三的具体场景设置如下。

（1）财政支出方面：根据2020年的预算公告，财政将在科技创新、工业互联网、人工智能等核心关键领域，实施精准支持、连续支持、滚动支持，因此假定2020—2023年的科学技术支出、教育支出在原有的增速上继续增加

1%—2%。同时，2020—2023 年继续将非刚性、非重点的一般性支出压减 10%。

（2）在财政收入方面：假定 2020 年税收返还和补助为 900.8 亿元，与 2019 年持平，2021—2023 年逐年增长 5%，则每年可得到的财政税收返还和补助分别约为 946 亿元、993 亿元、1042 亿元。同时，假定 2020 年的预算稳定调节资金为 500 亿—600 亿元，2021—2023 年与 2020 持平，均为 500 亿—600 亿元。另外，假定 2020—2023 年债务收入年增速为 20%—25%。

根据本章第二节的其他假设条件，以及本节收支情景设定，测算出的减税空间如表 2.4 所示。

表 2.4　X 省减税空间测算（情景三）　　单位：亿元

指标＼年度		2018	2019	2020	2021	2022	2023
①生产总值		32679	38155	39681	42855	46283	49986
②预算财政赤字		0	0	0	0	0	0
③公共财政收入		7108	7165	7165	7882	8670	9537
④公共财政支出（累计值）		9427	9413	9955—9969	10532—10562	11147—11195	11800—11944
⑤实际财政赤字		2319	2248	2790—2804	2650—2680	2477—2525	2263—2407
⑥实际赤字与预算之差		2319	2248	2790—2804	2650—2680	2477—2525	2263—2407
其他收入	⑦预算调节资金	666	380	500—600	500—600	500—600	500—600
	⑧调入资金	266	273	260	260	260	260
	⑨上年结转收入	154	232	230	230	230	230
	⑩债务收入	382	462	554—578	665—723	789—904	947—1130
	⑪财政返还和补助	851	901	901	946	993	1042
合计⑫=⑦+⑧+⑨+⑩+⑪		2319	2248	2445—2569	2601—2759	2772—2987	2978—3262

续表

年度 指标	2018	2019	2020	2021	2022	2023
减税空间=⑫-⑥	0	0	-359— -221	-79— 109	247— 510	571— 999

从表2.4的减税空间来看，在2020年及2021年不利情况下，均没有进一步减税的空间，有利情况下的2021年减税空间为109亿元规模，2022—2023年随着经济发展、财政收入的提高，减税空间在247亿元至1000亿元。总体来看，情景三的减税空间较情景一与情景二有所好转。

四、情景四：情景一与情景二的结合

应对老龄化的社会支出及城乡卫生健康与城乡社区事务的支出均不可缺少，因此，对情景一与情景二的组合进行估算，具体设置的场景如下文所述。

（1）财政支出方面：2020—2023年对非刚性、非重点的一般性支出逐年压减10%，严控“三公”经费支出，在未来三年优先保障基本民生、基本生活、基本公共服务支出。假定2020—2023年社会保障支出和就业支出在原有财政支出的增速上逐年增加8%，考虑到X省人口老龄化问题和新冠疫情的影响，假定2020年卫生健康支出在原增速上继续增加10%，2021—2023年则逐年增加5%。同时，与情景二相似，假设2020—2023年城乡社区支出在原有财政支出增速上继续增加1%。

（2）财政收入方面：假定2020年税收返还和补助与2019年持平，为900.8亿元，2021—2023年逐年增长5%，则这三年可得到的财政税收返还和补助分别约为946亿元、993亿元、1042亿元。在政府债务方面，由于受2019年减税降费的政策影响，假定2020年债务收入增加30%，2021—2023年政府债务逐年增加25%。同时假定2020—2023年预算稳定调节资金为600亿元。

根据本章第二节的其他假设条件，以及本节收支情景设定，测算出的减税空间如表 2.5 所示。

表 2.5　X 省减税空间测算（情景四）　　单位：亿元

指标 \ 年度		2018	2019	2020	2021	2022	2023
①生产总值		32679	38155	39681	42855	46283	49986
②预算财政赤字		0	0	0	0	0	0
③公共财政收入（非累计值）		7108	7165	7165	7882	8670	9537
④公共财政支出（累计值）		9427	9413	10086	10794	11563	12398
⑤实际财政赤字		2319	2248	2921	2912	2893	2861
⑥实际赤字与预算之差		2319	2248	2921	2912	2893	2861
其他收入	⑦预算调节资金	666	380	600	600	600	600
	⑧调入资金	266	273	260	260	260	260
	⑨上年结转收入	154	232	230	230	230	230
	⑩债务收入	382	462	601	751	939	1174
	⑪财政返还和补助	851	901	901	946	993	1042
合计⑫=⑦+⑧+⑨+⑩+⑪		2319	2248	2592	2787	3022	3306
空间=⑫-⑥		0	0	-329	-125	129	445

从表 2.5 的减税空间来看，2020 年及 2021 年，均没有进一步减税的空间，2022—2023 年减税空间在 129 亿元至 445 亿元。总体来看，情景四的减税空间较小。

五、情景五：情景一至情景三的结合

情景五将 X 省财政中老龄化刚性支出、卫生健康应急支出、未来发展支出相结合，综合起来测算减税空间。具体场景设置如下。

（1）财政支出方面：假定 2020—2023 年一般公共服务支出在原支出增速

6%的基础上再逐年降低10%，即每年减少4%。社会保障和就业支出在原支出增速基础上再逐年增加8%。2020年卫生健康支出在原支出增速基础上增加10%，2021—2023年在原支出增速基础上再逐年增加5%。城乡社区支出在原支出增速基础上再逐年增加1%。2020—2023年的科学技术支出、教育支出在原基础上再逐年增加1%。

（2）财政收入方面：假定2020年税收返还和补助与2019年持平，为900.8亿元，2021—2023年逐年增长5%，则这三年可以得到的财政税收返还和补助分别约为946亿元、993亿元、1042亿元。2020年的预算稳定调节资金为500亿元，假定2021—2023年预算稳定调节资金与2020年持平，都为500亿元。假定2020年债务收入增加30%，2021—2023年逐年增加20%。

根据本章第二节的其他假设条件，以及本节收支情景设定，测算出的减税空间如表2.6所示。

表2.6　X省减税空间测算（情景五）　　单位：亿元

指标＼年度		2018	2019	2020	2021	2022	2023
①生产总值		32679	38155	39681	42855	46283	49986
②预算财政赤字		0	0	0	0	0	0
③公共财政收入（非累计值）		7108	7165	7165	7882	8670	9537
④公共财政支出（累计值）		9427	9413	10100	10823	11610	12464
⑤实际财政赤字		2319	2248	2935	2941	2940	2927
⑥实际赤字与预算之差		2319	2248	2935	2941	2940	2927
其他收入	⑦预算调节资金	666	380	500	500	500	500
	⑧调入资金	266	273	260	260	260	260
	⑨上年结转收入	154	232	230	230	230	230
	⑩债务收入	382	462	601	721	865	1038
	⑪财政返还和补助	851	901	901	946	993	1042

续表

指标＼年度	2018	2019	2020	2021	2022	2023
合计⑫=⑦+⑧+⑨+⑩+⑪	2319	2248	2492	2657	2848	3070
空间=⑫-⑥	0	0	-443	-284	-92	143

从表 2.6 的减税空间看，由于支出规模加大，情景五中 2020—2022 年均没有减税的空间，2023 年仅有 143 亿元的减税空间。

从上述分析可以看到，减税空间受财政支出的影响较大，为扩大减税空间规模，应从促进 X 省生产总值、增加财政收入等角度推进。

第三章 基于 DSGE 模型的 X 省最优税负研究

从第二章的研究出发，在减税空间有限甚至没有减税空间的情况下，未来结构性减税将成为替代普惠性减税的政策方向。本章利用第二节构建的 DSGE 模型，于第三节分析了 X 省宏观税负和单一税种税率的动态空间，并在保持现阶段税收收入不变的情况下，从结构性减税角度展开研究。首先，分析了劳动所得税和资本所得税的不同税率组合与产出的关系（静态模型），并将能获得最大产出的税率组合作为最优税负。其次，利用动态模型，分析从现阶段税率水平到最优税率水平的变动，对经济产生的影响。最后，对比了税率调整政策以及由生产率带动的经济的变化，并通过结合这两种经济冲击分析二者对经济产生的共同影响，以实现经济的平衡发展。

第一节 文献综述

一、最优税负的文献综述

学者们通过不同方法测算了我国的宏观税负。郭彦卿（2010）指出宏观税负客观上应该存在一个合理的区间，以经济增长率最大化为目标，测算出我国最优宏观税负为 23%—30%。李晓芳（2007）运用状态空间方法，建立了年度可变参数模型，计算出以政府税收收入最大化为目标，1994—2004 年的最优宏观税负水平在 18%—20.7%；以经济增长最大化为目标，最优宏观税负在 15.9%—18.1%。马拴友（2001）研究表明投资和经济增长是税收的凹函数，因此，存在使投资最大化和促进经济增长的最优税率，计算出我国最优宏观税负为 20%左右。刘凤良等（2009）指出，在经济持续增长目标下，采用单方程方法，计算出令经济增长率最大化的最优宏观税负为 16.47%。董玉婷、董承章（2009）的研究认为，政府在经济增长最大化的目标下，应当将宏观税负水平控制在 18%—23%的区间内。姚林香、汪柱旺（2016）测算出投资率最大的目标下，小口径最优宏观税负为 14.88%，中口径最优宏观税负为 17.37%，大口径最优宏观税负为 24.73%。林依娴（2007）指出自 20 世纪 90 年代以来，我国的税收负担率一直稳定在 10%—18%的水平，小口径宏观税负偏低，大口径的宏观税负较高，通过分析 1985—2004 年的样本，投资率最大化下的最优税率应占 GDP 的 22%左右。

现有研究也从不同统计口径分析了宏观税负，尽管测算出的宏观税负值各有差异，但仍形成了较为一致的观点：从大口径判断，我国宏观税负较重；而从小口径判断，我国税负水平较合理。陈彦斌、陈惟（2017）结合中国政府收入构成的实际情况，衡量了 2012—2016 年中国的宏观税负，发现中国的宏观税负与其他国家相比并不高，但由于税收的自动稳定器效果有限、税负在微观主体间分配不均、财政民生支出较低等原因，企业和居民的税负感依然偏重。郭玉清等（2007）通过扩展的 Barro 模型，从理论上得出最优宏观税负测算公式，并利用此公式测算出 1978—2005 年我国的最优税负率为 21%。赵薇薇（2009）从大、中、小口径对我国宏观税负水平进行了分析，认为我国小口径的宏观税负水平较低，中口径、大口径的宏观税负偏高。张东敏、王彦奇（2018）根据拉弗曲线的思想，发现吉林省最优宏观税负为 20.63%，得出吉林省目前宏观税负偏低的结论。王凤英、张莉敏（2013）采用中口径测算最优宏观税负约为 19.9%。罗捍东、丁丹（2015）基于 Barro 内生经济增长理论与动态规划最优增长模型，指出我国小口径与中口径宏观税负的平均水平低于我国的最优宏观税负 23.4%，大口径宏观税负的平均水平已超过我国最优税负水平。贺俊、王戴伟（2018）在 Ramsey 模型的基础上，得出了当前最优的宏观税负应为 16.4%。张衔、徐强（2020）研究了中国宏观税负的最优动态区间与结构性减税，基于税收政策目标均衡视角构建了三部门动态随机一般均衡模型，测算出我国宏观税负水平的最优动态区间为［0.13, 0.49］且我国的宏观税负处于最优动态区间，并指出了不同税率的变动带来不同的影响，认为要继续实施结构性减税的政策建议。

文献主要针对我国的宏观税负进行了测算，受制于测量方法、统计口径以及衡量目标的差异，文献中得到的税负值各有不同，但多数研究得到的结果在 20%左右。考虑到国家宏观税负并不能代表省级区域税负，本章借鉴前人研究成果，对 X 省宏观税负的动态空间进行测算。

二、有关拉弗曲线的文献简述

税收与政府收入水平存在倒 U 形关系，即标准的 Laffer 曲线（拉弗曲线）。Carmel Gomeh 等（2020）利用以色列企业 2006 年至 2015 年的微观面板数据进行回归分析，发现该国拉弗曲线峰值处的税率在 26%至 38%之间。关于我国的拉弗曲线研究，Boqiang Lin、Zhijie Jia（2019）运用可计算一般均衡（CGE）模型，发现我国拉弗曲线顶端对应的税率约为 40%，且对收入敏感，这意味着不同收入群体的拉弗曲线顶端的最大税率不同。考虑到这一因素后，政府的税收峰值应比拉弗曲线的顶点低 5%—10%。W. J. M. Heijman 等（2005）认为拉弗曲线经济活动是税率的递减函数。因此，税收总收入在较低水平上随税率的增加而增加，在较高的税率水平上则相对减少。本研究分析了 X 省宏观税负率与政府税收收入间的关系，之后，进一步分析了对消费课税的流转税、对资本所得课税的资本税以及对劳动所得课税的劳动税这三种税率分别与政府税收收入的 Laffer 曲线，以确定宏观和单一税种的合理税负区间。

三、有关研究方法的文献简述

Choi 和 Kim（2016）通过应用可计算一般均衡（CGE）模型研究了永久性减税对劳动力和资本收入的动态收入效应。Darío Serrano-Puente（2020）通过在一般均衡模型中增加具有生命周期和王室因素的异质家庭，研究了西班牙的个人所得税是否处于最佳累进水平，研究结果表明，在减少财富和收入不平等的决策目标下，增加个人所得税的累进性将是最优的，但是这将以对资本、劳动力和产出的负面影响为代价。Gonzalo Fernández-de-Córdoba、José L. Torres（2012）在动态一般均衡模型（DSGE）中引入公共投入，对欧盟 15 个成员国在面临税收产生的财政收入与由税率提高引起的生产效率损失之间的权衡取舍进行了定量分析。发现每个欧盟成员国都面临着二者间的权衡，大多数国家的最高税收水平与当前税收水平相距较远，瑞典、丹麦和芬兰三国甚至可以通过降低税率而不影响财政收入来提高生产效率；各成员国可以通过减少资本税和增加劳动税，在不改变财政收入的情况下获得效率收益。

至于采用哪种研究方法，英国著名统计学家 George Box（1979）在一篇文章中提道："所有模型都是错的，但有些是有用的，因为复杂的现实世界很难用简单的模型刻画，但是经过巧妙设计的简约模型通常能够提供非常有用的近似值，对于这样的模型，没有必要问这个模型是对的吗？唯一感兴趣的问题是这个模型是简明和有用的吗？"无论是计量模型、CGE 模型，还是 DSGE 模型，在学术界和政府机构决策中，都存在广泛的应用，这在一定程度上说明了这些模型的合理性和有用性。从 DSGE 模型与 VAR 模型的比较来看，VAR 模型更倾向于经验建模，它从统计学和经验分析的角度出发，将所有变量看作内生变量，以各阶滞后变量为解释变量，通过建立联立方程，寻找内生变量，该模型特别是贝叶斯 VAR 模型表现出了良好的预测能力。而 DSGE 模型更倾向于理论建模，在对经济主体进行刻画时，从微观经济理论基础出发，实现经济主体的优化，通过引入各种名义刚性设定，估计求解。相比VAR 模型，DSGE 模型更具理论基础，早期的 DSGE 模型主要用于政策分析，随着数据拟合能力的提高，DSGE 模型也具有一定的预测能力。关于不同模型的优缺点比较，李向阳（2018）有详细的论述。

从 DSGE 和 CGE 模型的比较来看，二者具有一定的共性。CGE 模型，即可计算一般均衡（Computable General Equilibrium）模型，也是政策分析中常用的工具之一。与 DSGE 模型相似，CGE 模型也为其所刻画的经济系统中各主体建立了依托于微观经济理论的最优行为模式，并在经济系统的各组成部分间建立了数量联系，其数据基础是由投入产出表扩展形成的社会核算矩阵 SAM（Social Accounting Matrix），这一数据基础相比 DSGE 模型更加丰富，可以根据研究目的而细分某些部门，比如根据收入或地域划分的居民部门、根据政府层级或不同税种划分的政府机构，这成为 CGE 模型的优势，即可分析政策（如财政政策、贸易政策等）对某些细分后经济部门的影响，但这一优势也造成了 CGE 模型对基础数据的要求过高，数据搜集和整理更加复杂和费时，甚至有些数据难以找到，而不得不采取估计的方式，导致为实现数据的一致性而放弃了数据的准确性。相比而言，DSGE 模型不需要庞大的细分数据基础，并且在分析动态性和政策冲击的影响及不确定性方面更为突出，与本研究主题更为契合。同时，从运行软件的友好度来看，CGE 模型在 GAMS 软件中实现，规则多，对编程者的语法要求较高，相比于 DSGE 的实现工具——基于 MATLAB 平台的 Dynare 软件，友好度较差。从研究领域来看，对 CGE 模型的理论研究较少，现阶段 CGE 模型多侧重于能源、贸易领域的应用，应用空间有限，而 DSGE 模型仍是宏观经济研究中的主流模型。鉴于本章侧重对最优税负的模拟，以及减税对 X 省经济的影响，为了体现模型的动态性、不确定性等因素，本部分将采用 DSGE 模型展开研究。

第二节　模型构建与参数校准

一、DSGE 模型的特点

动态随机一般均衡模型 DSGE（Dynamic Stochastic General Equilibrium）是当前现代宏观经济学的主流研究框架。从其名称可以了解 DSGE 模型的特色。①动态（最优）意味着经济系统中相互联系的经济主体，在不同市场中可以理性地对其现在及未来的跨期行为决策作出最优选择，这种最优选择既意味着每期内不同决策的静态最优，也实现了跨期决策的动态最优。考虑到现实经济中利率、投资、财政赤字、消费者跨期决策等均呈现出复杂的动态性，DSGE 模型通过刻画相关经济变量的动态行为特征，实现了整个经济体系的动态最优机制，这比传统的静态均衡分析（局部的或全局的）更符合现实中的宏观经济现象。②随机意味着经济主体是在不确定环境下进行的决策。现实中，经济主体会受到各种冲击，可预见的或不可预见的冲击、内部的或外部的冲击、名义的或实际的冲击、临时的或永久的冲击等。DSGE 模型针对各种冲击进行建模，刻画了经济主体在不确定环境下的最优决策。③一般均衡体现了宏观经济系统中所有经济行为主体相互联系、共同作用，在一定条件下最终实现瓦尔拉斯一般均衡的状态。因此。DSGE 模型是具有微观经济理论基础的宏观经济模型，吸收了理性预期、动态优化、一般均衡分析等现代经济学的发展成果，可以针对经济增长、经济波动、宏观经济政策等问题进行分析（刘斌，2018；李向阳，2018）。此外，从可实现性来看，构建于 Matlab 平台的 Dynare 软件可以较好地实现 DSGE 模型的编程、求解与模拟，进一步扩展了 DSGE 模型的可应用性。

本章借鉴何塞·路易斯·托雷斯（2015）的模型，将政府生产性公共资本投入引入动态一般均衡模型的分析框架，构建包含家庭、厂商和政府的三部门动态随机一般均衡模型。在传统产出模型中，产出是由劳动和资本要素投入来实现的，在此模型中，资本投入细分为私人资本投入和政府的公共资本投入（比如基础设施投入等），这意味着政府不仅通过税收在收入分配端产生影响，同时也通过公共资本进入生产端，与传统模型相比更能体现现实经济中政府的作用。除此之外，何塞·路易斯·托雷斯（2015）的模型是对国家宏观冲击的分析。由于本研究的研究对象是地方政府，对原模型进行了部分修正，主要体现在政府收入端，考虑了中央政府对地方政府的转移支付。

Torres（2015）的模型考虑间接税和直接税两种类型的税收，直接税体现对劳动所得和资本所得的课税，间接税体现为对消费的课税，可将这三种税分别对应我国实行的个人所得税、企业所得税以及流转税（消费税与增值税）。

二、居民

假设所有居民具有相同的偏好，居民的决策由代表性消费者体现，其决策行为是在预算约束下，实现消费者效用函数的最大化。假设该消费者的效用函数依赖于消费和闲暇，闲暇由可支配时间减去劳动时间表示。其偏好由式（3.1）瞬时效用函数表示：

$$U(C_t,\ N_t\bar{H} - L_t) = \gamma \ln C_t + (1 - \gamma)\ln(N_t\bar{H} - L_t) \tag{3.1}$$

其中，C_t 表示私人消费，$\bar{H}$ 表示一段时间中（一年）可任意支配的总时间，N_t 表示劳动总人数，L_t 表示此段时间（一年）的劳动时间，$N_t\bar{H}-L_t$ 表示闲暇时间，γ（$0<\gamma<1$）表示消费在效用函数中所占的比例。将总可支配时间 $N_t\bar{H}$ 标准化为 1，则公式（3.1）简化为公式（3.2）：

$$U(C_t,\ L_t) = \gamma \ln C_t + (1 - \gamma)\ln(1 - L_t) \tag{3.2}$$

代表性消费者的预算约束是消费支出与投资支出之和不超过税后劳动所得、税后资本所得以及政府对消费者的转移支付之和，为简化起见，将消费与储蓄的价格设定为 1：

$$(1 + \tau_t^c)C_t + S_t = (1 - \tau_t^l)W_t^e L_t + (1 - \tau_t^k)R_t^e K_t + G_t \tag{3.3}$$

其中，G_t 表示政府对消费者的转移支付，K_t 表示居民的资本存量，即消费者拥有私人资本，S_t 为居民的储蓄，W_t^e 表示劳动回报率，R_t^e 表示资本回报率①，δ_k 表示私人资本折旧率（也可表示免税比例），τ_t^c、τ_t^l、τ_t^k 分别表示政府对消费、对劳动所得、对资本所得课税的税率，税率的变化会影响消费者对消费-储蓄以及劳动-闲暇选择的决策。

私人部门将储蓄用于投资，并将投资用于资本积累和存量资本的折旧，如公式（3.4）②：

$$K_{t+1} = (1 - \delta_k)K_t + I_t \tag{3.4}$$

假设经济系统可以在没有成本的情况下，将储蓄转化为投资，即

$$S_t = I_t \tag{3.5}$$

将式（3.4）和式（3.5）代入式（3.3）得到式（3.6）

$$(1 + \tau_t^c)C_t + K_{t+1} - K_t = (1 - \tau_t^l)W_t^e L_t + (1 - \tau_t^k)(R_t^e - \delta_k)K_t + G_t \tag{3.6}$$

考虑跨期最大化问题，消费者面临的决策问题是在公式（3.6）的预算约束下，最大化其全生命周期的效用贴现之和，即

$$\max_{(C_t,\ S_t,\ L_t)} E_t \sum_{t=0}^{\infty} \beta^t [\gamma \ln C_t + (1 - \gamma)\ln(1 - L_t)] \tag{3.7}$$

其中，$\beta \in (0,\ 1)$ 表示消费者的跨期贴现因子，E_0 是在 0 时点的数学期望算子。

求解居民的最优化决策，结合公式（3.6）和公式（3.7），通过构建拉格朗日方程，可求出居民静态最优条件为公式（3.8），表示消费和闲暇的边际替代率等于闲暇的单位机会成本：

$$(1 - \gamma)\frac{1}{1 - L_t} = \frac{(1 - \tau_t^l)}{(1 + \tau_t^c)}\gamma\frac{W_t^e}{C_t} \tag{3.8}$$

---

① 此处的 W_t^e 和 R_t^e 是私人部门获得的全部要素报酬，由于公共部门的投资回报会分配给私人部门，这两个值大于私人部门劳动和资本的技术回报率 W_t 和 R_t。

② 在 Dynare 模拟时，资本积累模型改写为 $K_t =（1-\delta_k）K_{t-1}+I_t$，$K_t$ 表示期末存量，I_t 表示本期的投资流量。

结合跨期欧拉方程，居民的动态最优化问题的解如式（3.9）所示，表示消费的边际替代率等于投资的边际收益率：

$$\frac{(1+\tau_{t+1}^{c})}{(1+\tau_{t}^{c})}\frac{C_{t+1}}{C_{t}}=\beta[(1-\tau_{t+1}^{k})(R_{t+1}^{e}-\delta_{k})+1] \tag{3.9}$$

式（3.8）和式（3.9）即为居民决策的最优化均衡条件。

三、厂商

厂商是经济系统中的生产部门，所生产的产品被居民消费。厂商的行为由其代表性厂商体现，厂商在给定投入要素价格的情况下，找到利润最大化下的资本要素与劳动要素投入的最优值。厂商的生产决策是在公共资本投入的情况下，通过确定劳动 L_t 和私人资本 K_t 的投入关系，最大化其利润。假设商品市场和要素市场完全竞争，在技术约束下实现利润的最大化。利用 Cobb-Douglas 生产函数表示投入要素与最终产出 Y_t 之间的关系为：

$$Y_t = A_t K_t^{\alpha_1} Z_t^{\alpha_2} L_t^{\alpha_3} \tag{3.10}$$

其中，A_t 衡量全要素生产率，Z_t 表示公共资本投入，α_j（$j=1$，2，3）分别表示产出中的私人资本、公共资本、劳动的产出技术参数。假设，

$$\alpha_1+\alpha_2+\alpha_3=1 \tag{3.11}$$

这种技术的生产函数形式意味着经济受到规模收益不变的约束。厂商的决策是在生产技术的限制下，实现利润最大化，由于模型假设私人资本归属居民，而非厂商，所以厂商的决策目标是：

$$\max_{(K_t,\ L_t)} \pi_t = Y_t - R_t K_t - W_t L_t \tag{3.12}$$

在规模收益不变，市场完全竞争的情况下，厂商的利润为0。厂商最优化问题的一阶条件为：

$$R_t = \alpha_1 A_t Z_t^{\alpha_2} K_t^{\alpha_1 - 1} L_t^{\alpha_3} \tag{3.13}$$

$$W_t = \alpha_3 A_t K_t^{\alpha_1} Z_t^{\alpha_2} L_t^{\alpha_3 - 1} \tag{3.14}$$

为研究模型的随机形式，假设 A_t 服从一阶自回归过程，即

$$\ln A_t = (1-\rho_A)\ln \bar{A} + \rho_A \ln A_{t-1} + \varepsilon_t^A,\ \varepsilon_t^B \sim N(0,\ \sigma_B^2) \tag{3.15}$$

其中，$\bar{A}$ 为 A_t 的稳态值。且假设 $|\rho_A|<1$ 以保证随机过程平稳。

四、政府

政府通过对消费、劳动所得、资本所得征税从而获取税收收入，财政支出为公共资本投入和转移支付，在各时期实现预算平衡。政府对公共资本的投入提高了全要素生产率，也体现了政府对供给端的介入。

$$\tau_t^c C_t + \tau_t^l W_t^e L_t + \tau_t^k (R_t^e - \delta_k) K_t = G_t + I_{Z,\ t} \tag{3.16}$$

其中，$I_{Z,t}$ 为政府公共投资（流量），公共投入存量与流量的关系与私人资本积累的过程相似，如式（3.17）：

$$Z_{t+1} = (1-\delta_z) Z_t + I_{z,\ t} \tag{3.17}$$

其中，δ_Z 表示政府公共资本的折旧率。

假设公共资本的投资决策是最终产出的一个随机比例 $B_t\theta$，即

$$I_{Z,\ t} = B_t \theta Y_t \tag{3.18}$$

其中，θ 为常数，表示公共投资与产出之比，B_t 服从一阶自回归过程。

$$\text{In } B_t = (1-\rho_B)\text{In } \bar{B} + \rho_B \text{ In} B_{t-1} + \varepsilon_t^B,\ \varepsilon_t^B \sim N(0,\ \sigma_B^2) \tag{3.19}$$

其中，$\bar{B}$ 为 B_t 的稳态值。且假设 $|\rho_B|<1$ 以保证随机过程平稳。

由产出模型（3.10）对政府公共投资求导，可得式（3.20）：

$$\frac{\partial Y_t}{\partial Z_t} = \alpha_2 A_t K_t^{\alpha_1} Z_t^{\alpha_2 - 1} L_t^{\alpha_3} \tag{3.20}$$

由于政府的行为模式是预算平衡，因此，式（3.20）并不是政府最优化的条件，只是刻画政府对产出的边际影响。

五、均衡

求解此模型均衡时，还需要考虑以下两个问题。

问题 1：公共资本投入的回报分配问题。处理思路是，假设公共资本投入

产生的投资回报全部分配给私人部门，此时，私人部门获得的资本收益将超过私人部门按边际生产率获得的资本回报，私人部门获得的劳动收益将超过私人部门按边际生产率获得的劳动回报。具体过程如下，将产出式（3.10）代入厂商的最优化条件式（3.13）、式（3.14）以及政府公共投资的边际公式（3.20），简化可分别得到式（3.21）至式（3.23），以方便对参数进行校准。

$$R_t K_t = \alpha_1 Y_t \tag{3.21}$$

$$W_t L_t = \alpha_3 Y_t \tag{3.22}$$

$$\frac{\partial Y_t}{\partial Z_t} Z_t = \alpha_2 Y_t \tag{3.23}$$

由式（3.23），假设政府公共投资产生的超额利润全部作为私人生产要素的回报，其中按比例 s 分配给资本收益，按比例 1-s 分配给劳动收益，则可得

$$R_t^e K_t = \alpha_1 Y_t + s\alpha_2 Y_t \tag{3.24}$$

$$W_t^e L_t = \alpha_3 Y_t + (1 - s)\alpha_2 Y_t \tag{3.25}$$

这意味着，付给私人投入的价格要超过其边际生产率。为方便处理，不妨假设比例 S 表示私人要素中资本占的份额，即 $S=\alpha_1/(\alpha_1+\alpha_3)$，则可进一步将式（3.24）和式（3.25）简化为

$$R_t^e K_t = S Y_t \tag{3.26}$$

$$W_t^e L_t = (1 - S) Y_t \tag{3.27}$$

由产出等于消费、私人投资和政府公共投资之和，可得

$$Y_t = C_t + I_t + I_{Z,t} = R_t^e K_t + W_t^e L_t \tag{3.28}$$

问题 2：针对地方政府对模型的修正。原模型的政府行为由公式（3.16）刻画，考虑到地方政府的收入一部分来自中央政府的转移支付以及地方政府债务收入、调入资本等，本研究加入政府转移支付，并将转移支付数额简化为地方政府获取税收收入的一定比例 η_t，因此，用于本研究中地方政府行为的刻画用式（3.29）体现。

$$(1 + \eta_t)\left[\tau_t^c C_t + \tau_t^l W_t^e L_t + \tau_t^k (R_t^e - \delta_k) K_t\right] = G_t + I_{Z,t} \tag{3.29}$$

六、模型方程

根据以上公式，该动态随机模型的均衡由下列 13 个方程表示，这些方程包括 13 个内生宏观经济变量，即 C_t，I_t，W_t^e，W_t，L_t，R_t^e，R_t，K_t，Y_t，$I_{Z,t}$，Z_t，以及全要素生产率 A_t 和 B_t：

$$(1-\gamma)\frac{1}{1-L_t}=\frac{(1-\tau_t^l)}{(1+\tau_t^c)}\gamma\frac{W_t^e}{C_t} \tag{3.30}$$

$$\frac{(1+\tau_{t+1}^c)}{(1+\tau_t^c)}\frac{C_{t+1}}{C_t}=\beta[(1-\tau_{t+1}^k)(R_{t+1}^e-\delta_k)+1] \tag{3.31}$$

$$Y_t=C_t+I_t+I_{Z,t}/(1+\eta) \tag{3.32}$$

$$Y_t=A_tK_t^{\alpha_1}Z_t^{\alpha_2}L_t^{\alpha_3} \tag{3.33}$$

$$K_{t+1}=(1-\delta_k)K_t+I_t \tag{3.34}$$

$$Z_{t+1}=(1-\delta_z)Z_t+I_{Z,t}/(1+\eta) \tag{3.35}$$

$$I_{Z,t}=(1+\eta)B_t\theta Y_t \tag{3.36}$$

$$R_tK_t=\alpha_1 Y_t \tag{3.37}$$

$$W_tL_t=\alpha_3 Y_t \tag{3.38}$$

$$R_t^eK_t=sY_t \tag{3.39}$$

$$W_t^eL_t=(1-s)Y_t \tag{3.40}$$

$$\ln A_t=(1-\rho_A)\ln\bar{A}+\rho_A\ln A_{t-1}+\varepsilon_t^A \tag{3.41}$$

$$\ln B_t=(1-\rho_B)\ln\bar{B}+\rho_B\ln B_{t-1}+\varepsilon_t^B \tag{3.42}$$

外生变量为 θ，其他外生变量和参数根据模型进行模拟分别设置，模型的参数和外生变量为 $\{\alpha_1$，α_2，α_3，s，δ_k，δ_z，β，τ^c，τ^k，τ^l，η，γ，ρ_A，ρ_B，σ_A，σ_B，$\theta\}$。

七、模型参数校准

对模型进行数值模拟，需要对参数进行校准。本模型的参数、含义及校准方法汇总如表 3.1 所示。

α_1 表示私人资本生产率的技术参数。在模型使用 Cobb-Douglas 生产函数，并且假设在规模报酬不变的情况下，此参数表示资本收入占总收入的份额，并且不随时间变化。该参数数值可以从本研究编制的 X 省社会核算矩阵（X-Social Accounting Matrix，X-SAM）中，利用私人资本收益（即居民资本收益+企业资本收益）占总收入（劳动报酬+资本报酬）之比，计算得到 α_1 为 0.42。

α_2 表示公共资本生产率的技术参数。参照 α_1 的计算方式，利用 X-SAM 表中政府资本收益占总收入之比，计算得到 α_2 为 0.06。

α_3 表示劳动力的技术参数。参照 α_1 的计算方式，利用 X-SAM 表中劳动收益占总收入之比，计算得到 α_3 为 0.52。

s 表示私人要素中资本占的份额，即 $s=\alpha_1/(\alpha_1+\alpha_3)$，在上述数值的基础上，计算得到 s 为 0.45。

δ_k 和 δ_z 分别表示私人资本折旧率、公共资本折旧率。本研究采用朱军、姚军（2017）通过贝叶斯方法测算出的数值作为替代，得到我国公共资本的年折旧率为 9.28%，私人资本的年折旧率为 8.16%。

β 为贴现因子，表示经济主体对未来效用相对于现在效用的评价，文献中通常将该值设置在 0.97—0.99，本研究取中值，将其设定为 0.98。

τ^c、τ^k、τ^l 分别为间接税税率、资本所得税税率和劳动所得税税率。借鉴梁红梅、张卫峰等（2014），三个有效税率分别为 0.128，0.246 和 0.059，依次作为 X 省这三个参数的有效税率①。

η 为中央政府转移支付占地方税收收入的比重，依据 X 省一般公共预算中央财政税收返还和补助收入占一般公共预算收入合计数计算，取 2017—2019 年平均值为 0.109。

γ 表示居民消费与闲暇的偏好，其数值表示总收入中用于消费支出的份

① 仅在需要间接税、资本、劳动所得的有效税率时，用文献中的三个税率替代 X 省的有效税率。在考虑宏观税负时，用 X 省财政收入占本地生产总值比重计算。

额。利用楼嘉军等（2019）对 2014 年居民休闲时间利用的调查统计，假设一天除去个人生活必需时间和家庭劳动时间（假设为 8 小时睡觉及必要的休息+3 小时吃饭时间+2 小时交通时间+1 小时家务劳动时间=14 小时）后，将剩余时间（10 小时）用于工作和休闲，利用数学期望值计算出 X 省居民平均每日（包含工作日和周末）的休闲时间为 3.29 小时，工作时间为 6.71 小时，这样求出 γ 的值为 0.671。

ρ_A 为全要素生产率的自回归参数，该参数数值表示生产率冲击的时间持续性。根据 Torres（2015）将其设定为 0.95。

ρ_B 为公共资本的自回归参数，根据文献假设其值与 ρ_A 相同。

σ_A 为全要素生产率服从的随机过程中的误差项的标准差，根据文献，将其设为 0.010。

σ_B 为公共资本服从的随机过程中的误差项的标准差，根据文献假设其值与 σ_A 相同。

θ 为公共投资与产出之比，此参数根据 X-SAM 表中的数据，利用政府投资与政府存货之和，占总产出的比重测算为 0.051。

表 3.1　模型基本参数的校准结果

参数	说明	取值
α_1	私人资本的技术参数	0.42
α_2	公共资本的技术参数	0.06
α_3	劳动力的技术参数	0.52
s	私人要素中的资本份额	0.45
δ_k	私人资本折旧率	0.093
δ_z	公共资本折旧率	0.082
β	消费者效用贴现因子	0.98
τ^c	间接税有效税率	0.128
τ^k	资本所得税有效税率	0.246
τ^l	劳动所得税有效税率	0.059

续表

参数	说明	取值
η	中央转移支付占地方一般公共预算收入的比重	0.109
γ	消费者偏好	0.671
ρ_A	全要素生产率的自回归参数	0.950
ρ_B	公共资本的自回归参数	0.950
σ_A	全要素生产率的标准差	0.010
σ_B	公共投资的标准差	0.010
θ	公共投资与产出之比	0.051

第三节　X 省税负动态空间的模拟分析

在上一节构建的模型基础上，本节分析不同税负率下经济系统的稳态值，并分析合理的税负率可选范围，作为合理的税负变动空间。其中，第一部分分析宏观税负合理动态空间，第二部分分别分析流转税、资本所得税、劳动所得税税率的合理动态空间。

一、宏观税负的动态空间

根据《X 省统计年鉴 2019》中 X 省一般公共预算收入占生产总值之比为 21.75%，将此作为 X 省实际宏观税负率。为分析此税负是否处于合理空间，本研究分析了不同税负率下税负与产出及税收收入的关系。结合产出与政府获得的税收收入两个维度，分析税负率的合理空间。在模型参数校准的基础上，参照张衔、徐强（2020）的方法，将第三章第二节模型中的消费、资本所得、劳动所得课税的税率 τ^c、τ^k、τ^l 统一设为相同的税率 τ，以代表宏观税负率。通过改变 τ 的取值，模拟经济系统产出及政府的税收收入分别与税率变动的动态关系，据此估计 X 省宏观税负的合理税负区间。数据模拟在 Dynare 程序中实现，设置税负水平从 0，按照步长 0.01 增加至 1，求出模型稳态值，将结果输入 MATLAB 软件分析主要变量的稳态值与税负率的关系。不同的宏观税负率对应的产出及税收收入的稳态值如图 3.1 和图 3.2 所示。

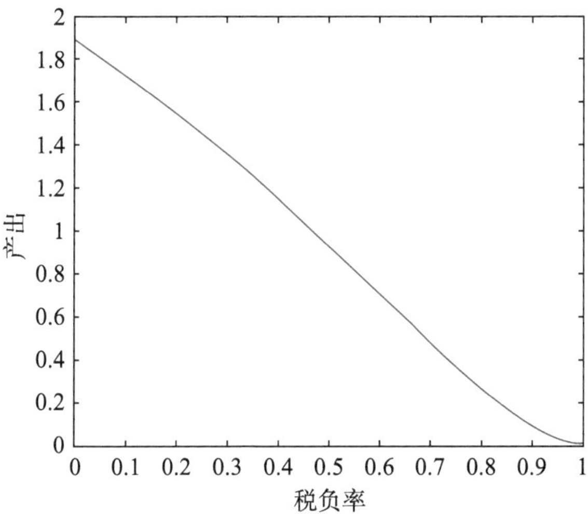

图 3.1　税负与 X 省产出的对应关系

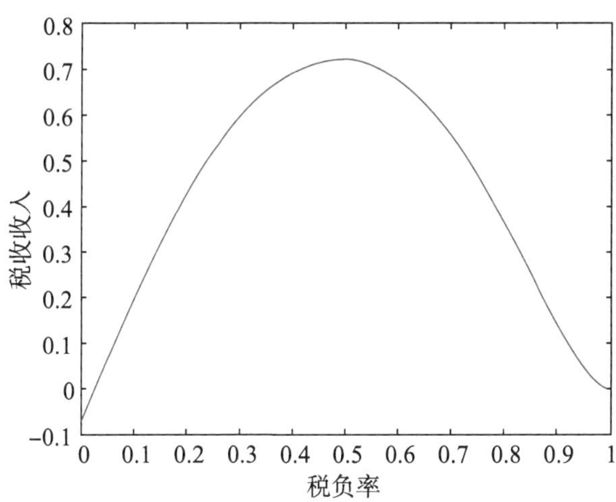

图 3.2　税负与税收收入的对应关系①

注：当前宏观税率为 21.75%。

---

① 标准的 Laffer 曲线是一条税率从 0 到 1 的抛物线，在两端点处税收收入都为零。实际模拟的结果发现，在税率为零时，由于存在资本折旧的抵税作用，政府的税收收入为负值（见公式 3.16 左侧）。

从图 3.1 可以看出，随着税负率增加，产出表现出明显的下降趋势，在税负趋于 0 时，产出最大。这说明税收对经济具有明显的扭曲作用，同时也说明，税负率降低将促进经济产出的增加。尽管模型将产出作为消费、私人投资以及政府投资的 Cobb-Douglas 非线性函数关系，但税负与产出之间拟合出很强的线性关系，这表明无论在高、中、低哪个税率区间，税负率变动相同的数值，产出的变化值较为相似。通过测算，在 X 省 21.75%[①]的当前税负下，税负率降低 1 个百分点，将引发产出增加 0.0189 个单位[②]，增长率为 1.25%。

图 3.2 说明当改变税负率使经济系统重新实现稳态时，经济系统达到的税收收入水平。与标准的 Laffer 曲线相似，X 省税收收入随着税率水平的增加呈现先上升后下降的态势，在税率为 0.49 时达到峰值。进一步测算可得，当前税率（21.75%）为峰值税率的 44.38%，而获得的税收收入为峰值的 64.41%，考虑到曲线的二阶导数小于零，进一步增加税率将使税收收入增加，但收入增加的幅度变小。以当前宏观税率为基准，降低宏观税率 1 个百分点将减少税收收入 0.0188 个单位，此值略小于产出增加值，这说明，减税后政府放弃的税收收入换回了产出的增加，产出的增加额稍大于税收收入的减少额。由于两数值接近，根据图 3.1 和图 3.2 的曲线形态，可以判断出，在［0，0.22］的税率区间内，每增加 1 个百分点的税率，产出的减少额少于政府税收收入的增加额，在［0.22，0.49］的税率区间内，每增加 1 个百分点的税率，产出的减少额大于政府税收的增加额。现在的税率处于较合理的区间范围，并且应向降低税率的方向调整，税率幅度下降得越多，产出增加额超过税收减少额的幅度越大[③]。

综合上述分析，税率对经济产出和税收收入的影响不同，税率对经济产

① 由于求稳态值的步长为 0.01，在计算比较时，将此税负近似为 22%。

② 基于模型求解出的稳态值在宏观税负率为 22%时产出为 1.51175 个单位，在税负率为 21%时，测算的产出为 1.53065 个单位，增长率为 1.25%。

③ 这并不意味着税率可以降低至零，无论在模型还是现实中，都不可能实现。

出有着负向影响，税率的提高将导致产出下降，下降速率基本不变。税率与税收收入呈现倒 U 形关系，高于税收收入峰值对应的税率为税负率的禁区，X 省当前的税率水平为倒 U 形曲线的左侧，处于合理税负区间。同时，考虑税收收入对税率的变化为非线性关系，结合判断分析，在［0，0.22］税率区间内，减税将使产出的增加额大于税收收入的减少额，此区间是本研究得到的合理税负变动区间。

二、单一税率的动态空间

本节针对流转税①税率、劳动所得税税率和资本所得税税率，计算模型实现稳态时产出、财政收入等变量关于每个税率的值。具体方法是，在采用参数校准部分梁红梅、张卫峰等（2014）提出的有效税率基础上，保持其他两个税率不变的情况下，计算某一税率从 0 到 1 变化时对应的模型系统的稳态值。

1. 流转税税率的动态空间

图 3.3 至图 3.5 分别是改变流转税税率，在经济系统实现稳定状态时的产出、消费与税收收入水平。流转税对经济系统的影响是单向的，提高流转税税率将降低经济产出和消费量，流转税与税收收入的关系，并没有表现出传统 Laffer 曲线倒 U 形的形态，税率与税收收入呈现正向关系。结合图 3.4 和图 3.5 来看，流转税率的提高导致消费量减少的幅度，小于税率提高的幅度，因此实现了税收收入的增长。在进行流转税税率调整时，需要考虑的是税收收入与产出之间的权衡取舍。此外，模型发现，在保持资本有效税率和劳动所得税有效税率不变的情况下，流转税税率甚至可以大于 1。从政府税收收入角度看，流转税税率没有最优值。

① 该税率在模型中是对居民消费进行的课税，为避免与我国的消费税混淆，此处用流转税替代，对照现实中的消费税与增值税。

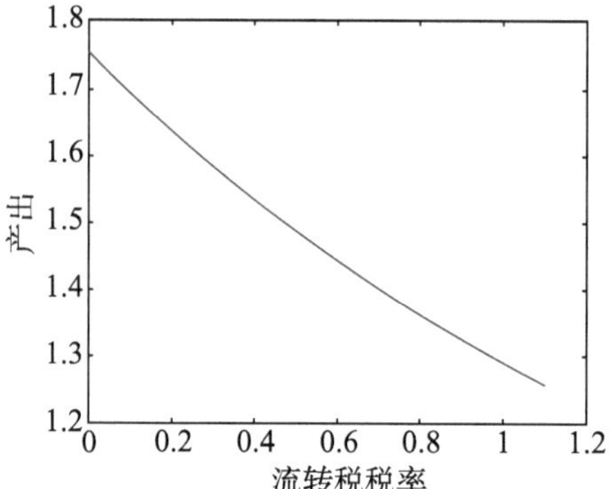

图 3.3　流转税税率与产出的对应关系

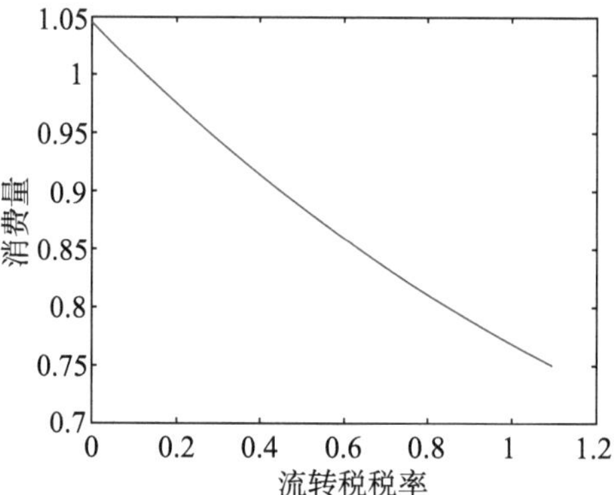

图 3.4　流转税税率与居民消费的对应关系

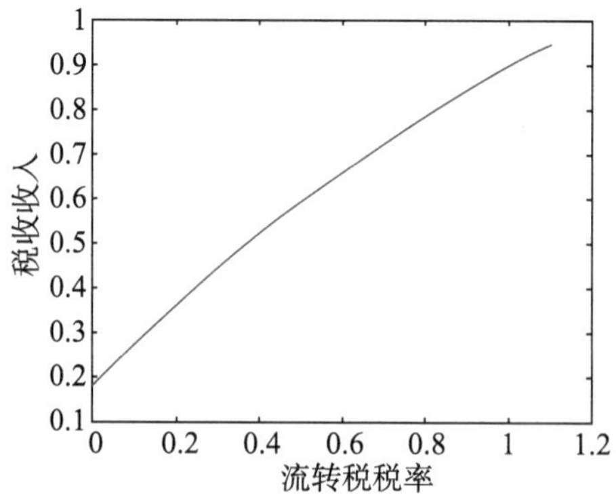

图 3.5　流转税与税收收入的对应关系

注：当前流转税税率处于 12.8%的位置

2. 资本所得税税率的动态空间

图 3.6 至图 3.8 为不同资本所得税税率与求得的资本、产出与税收收入的稳态值对应关系。对比流转税可以看出，资本所得税税率与资本及产出呈现负向关系，说明资本所得税税率对资本量和产出产生扭曲作用。与税收收入的关系表现出传统 Laffer 曲线的形态，峰值出现在 0.7 附近。在峰值左侧的部分上升平缓，考虑到图 3.6 中税率与资本量呈现的负向关系，说明税率的增幅超过资本量的降幅，引起了税收收入的增加，但增加幅度较小，曲线平缓。在峰值右侧税收收入下降陡峭，说明税率的增幅已经不足以抵挡税收对资本量产生的扭曲，资本量的下降幅度超过了税率的增幅。

从政府税收收入的角度看，本模型中资本税率的合理变动空间为［0, 0.7］，在此区间内，提高税率将增加政府收入，但不可忽视的是资本税率的增加将对产出和资本量产生负面影响。

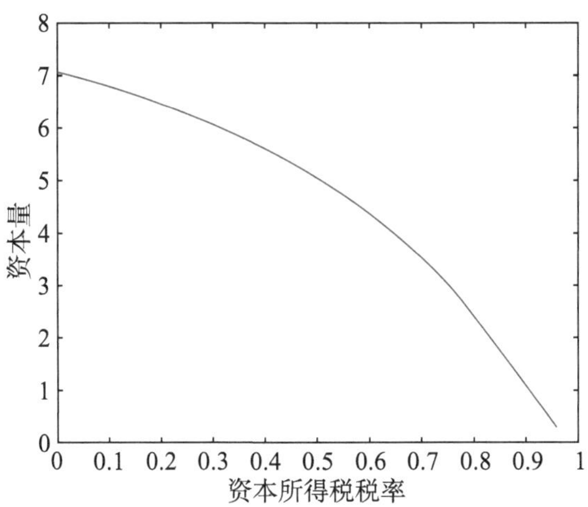

图 3.6　资本所得税税率与资本对应关系

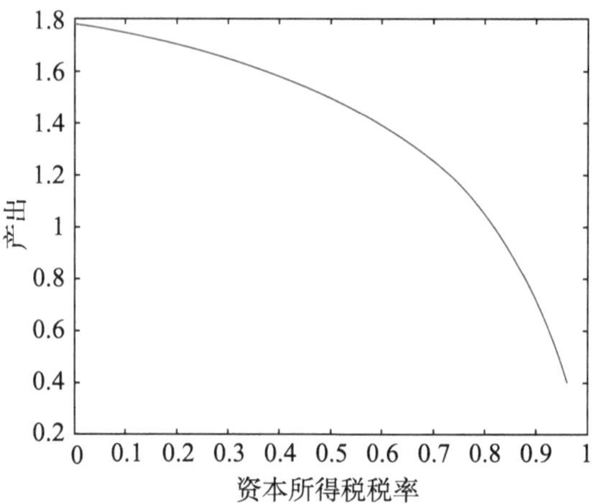

图 3.7 资本所得税税率与产出对应关系

注：当前资本所得税税率处于 24.6%的位置。

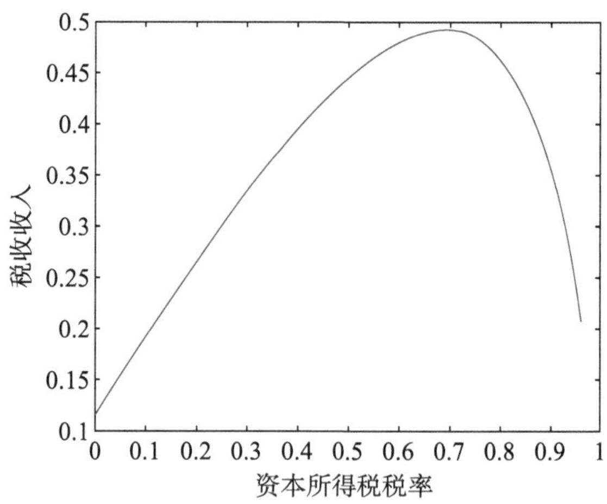

图 3.8 资本所得税税率的 Laffer 曲线

3. 劳动所得税税率的动态空间

图 3.9 至图 3.11 分别是劳动所得税税率从 0 开始变动到 1 时得到的劳动量、产出与税收收入的经济稳态值。与对资本的关系相似，提高对劳动的课税率将会导致稳态时产出与劳动量的下降。税率与税收收入的关系与典型 Laffer 曲线形态相近，但峰值出现在 0.53 附近，峰值左侧曲线上升平缓，峰

值右侧曲线迅速下降，当峰值接近 1 时，税收收入将降低到比 0 税率对应的税收收入更低的水平。这说明，过高的税率对经济的扭曲积累到了非常严重的程度。

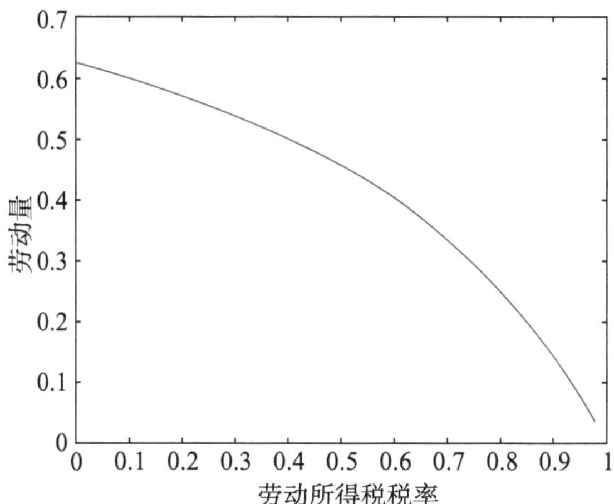

图 3.9　劳动所得税税率与劳动的对应关系

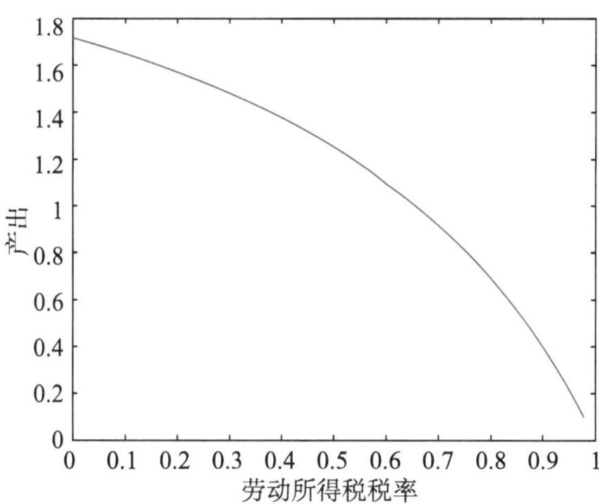

图 3.10　劳动所得税税率与产出的对应关系

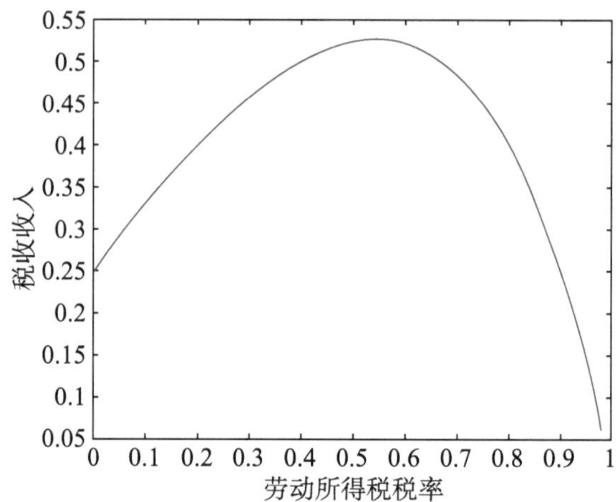

图 3.11 劳动所得税的 Laffer 曲线

注：当前劳动所得税税率处于 5.9%的位置。

与资本税率相似，从政府税收收入的角度看，本模型中劳动税率的合理变动空间为［0，0.52］，但不可忽视的是劳动税率的提高对产出和劳动量产生的负面影响。

第四节 X 省最优税负及对经济影响的模拟分析

一、最优税负

本节考虑以最大化产出的角度衡量 X 省最优税负。将税收收入固定在当前观测值，即本章第二节模型及参数基础上所得到的税收收入稳态值。给定该税收收入值以及流转税的税率值，测算产生这种税收收入的所有资本所得税和劳动所得税的组合，在这些组合下，经济系统的产出将由模型内生求解得到，这样可以计算出资本所得税税率和劳动所得税税率的不同组合对经济产出的影响，而这一影响是在保持税收收入不变的情况下得到的。图 3.12 呈现的是劳动所得税税率与资本所得税税率的不同组合与产出的应对关系。

之所以固定流转税税率，是考虑到流转税税率与税收收入呈现正向关系（图 3.5），如进一步降低流转税率时将引起税收收入的下降，在我国及 X 省持续实施减税降费政策以及支出刚性的情况下，如果继续降低流转税税率将进一步增加政府的财政压力。因此，进一步降低流转税税率并不是当前的首选政策。2018 年年底，全国财政工作会议提出，要在减税降费方面实行普惠性减税和结构性减税相结合的办法。《中华人民共和国国民经济和社会发展第十四个五年规划和 2035 年远景目标纲要》中提到“优化税制结构”“适当提高直接税比重”。因此，本研究在保持流转税税率稳定的基础上，分析资本所得税税率和劳动所得税税率的组合对产出的影响。

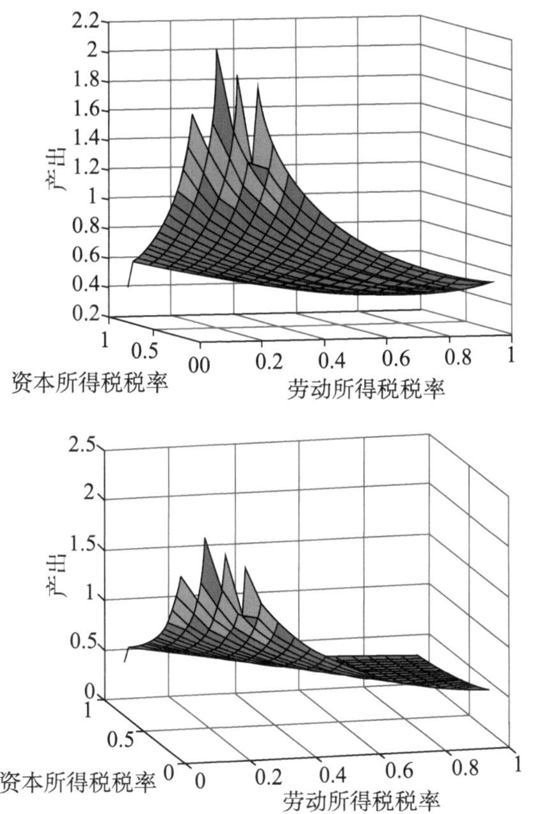

图 3.12 税收收入不变时资本–劳动税率组合与产出的关系

注：模型求解及绘图软件 MATLAB（2017a）

从数据结果及图 3.12 可以得到以下发现。从单一税率来看，税率越低，产出越高，与图 3.7 和图 3.10 的分析结果一致。从两税率的组合来看，两税的税率越低，经济产出越高，并且此区域的经济增长速度也是最高的。为进一步分析不同区域的经济增速，将资本所得税税率-劳动所得税税率平面划分为四个区域，通过数值比较可得到，经济增速从大到小的四区域排序依次为［低劳动税率区，低资本税率区］>［低劳动税率区，高资本税率区］>［高劳动税率区，低资本税率区］>［高劳动税率区，高资本税率区］。这说明相比劳动所得税税率，降低资本所得税税率对产出的促进作用更大。在［高劳动税率区，高资本税率区］，税率对经济的扭曲作用很大，经济与税率组合变化表现出较强的黏滞效应，产出对税率调整不敏感，需要大幅度的减税才能使经济产出有明显的提高，因此，应避免对劳动所得或资本所得课以重税，否则会阻碍税收调控作用的发挥。在［低劳动税率区，低资本税率区］则相反，经济产出对税率调整敏感，是政府发挥税收调控作用的主要区域。因此，应将对劳动及资本的课税保持在低税率区，或至少其中一个在低税率区。

根据数据结果，本研究测算出在流转税税率不变的情况下，能带来最大产出的劳动所得税税率与资本所得税税率为［0.1，0.15］，按照模型给定的劳动有效税率为 0.059，资本有效税率为 0.246①，意味着可以提高劳动所得税税率 4.1 个百分点，降低资本所得税税率 9.6 个百分点。

二、减税的经济影响效果

在上一节中，测算出资本所得税税率降低 9.6 个百分点，劳动所得税税率提高 4.1 个百分点，可以在维持税收收入当前规模不变以及流转税税率不变的基础上，带来最大的产出。本部分将分析这种税率的结构调整对经济系统带来的冲击影响。利用本章第二节构建的模型，在 Dynare 软件中实现模型求解。

① 根据模型测算的结果，［0.1，0.15］税税率点的产出比［0.059，0.246］的产出增加了 0.48 个百分点。

图 3.13 呈现了模型中相关变量在冲击后实现新均衡的动态过程和结果。

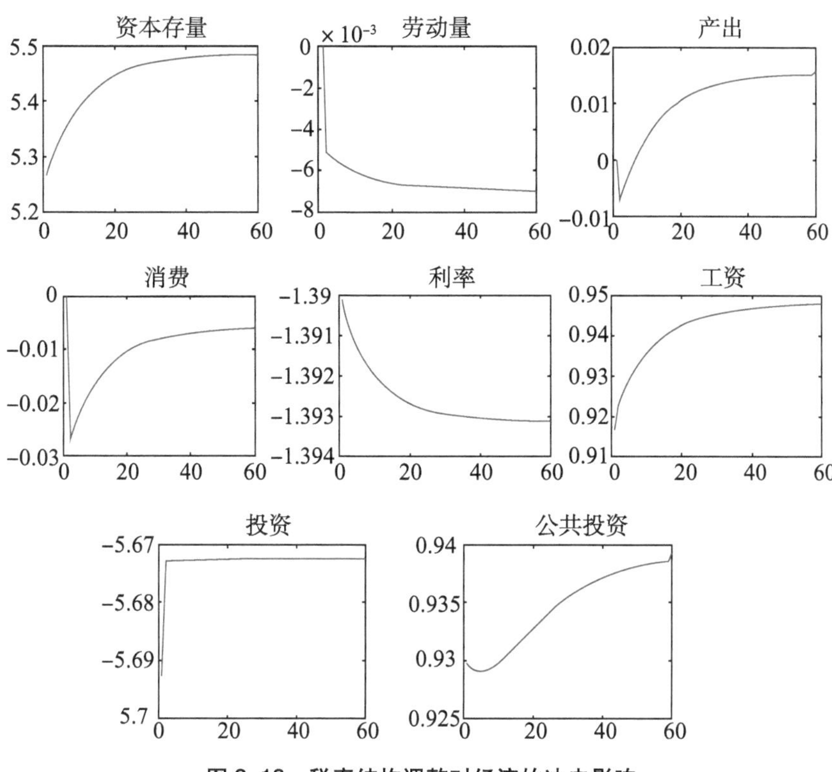

图 3.13　税率结构调整对经济的冲击影响

模型进行了 60 期模拟，横轴代表相关变量，纵轴代表从初始劳动所得税税率和资本所得税税率的［0.059，0.246］组合的稳态值向［0.1，0.15］组合的新稳态值变动过程中各变量变动的百分比。可以看出，产出在受到冲击后立即下降，之后在前 20 期快速增长，在 40 期附近接近税率调整后的稳态值，最终实现新稳态值比税率调整前的稳态值高 0.015 个百分点①。受劳动所得课税提高的影响，劳动量在快速减少了 0.5%之后，逐步缓慢减少到 0.7%，说明此政策对就业会产生一定的负面影响，伴随劳动量减少的是工资出现了平缓持续的增长，新稳态时工资增长了 3%。因此，这一政策对有工作的劳动

① 此处初始稳态值为经过资本积累作用动态调整后的新稳态值，比本章第（四）节第 1 部分测算的各变量静态稳态值偏低。

力有利，提高了劳动回报率，但降低了总体就业量。由于短期内劳动量的迅速减少，工资增长缓慢，虽然对消费课征的流转税税率保持不变，但消费量还是迅速下降了2.5%，这也是导致产出在短期出现下降的主要原因之一。之后随着工资的提升，消费也平稳回升，但最终消费量还是比原政策减少了0.06%。这说明产出在新的稳态获得的增长并不是靠消费带动的，主要还是靠两项投资，即私人投资和公共投资带动。由于降低了资本所得课税，私人投资立即提高了3%，并稳定在此处，说明税率对私人投资的影响是立竿见影的。这也导致资本存量的积累，使最终稳态值比原政策稳态值增加了20%。公共投资在前5期出现了小幅下降后加速上升至第40期，之后平稳上升至稳态值，使得最终稳态值比初始稳态值高1个百分点。伴随着私人投资和公共投资的增加，资本回报率出现了持续小幅的下降，最终下降幅度为0.3%。

综合上述分析，可以看出本模型提出的最优税负即降低资本所得税税率9.6个百分点，劳动所得税税率提高4.1个百分点，最终实现了产出的增加，促进了私人资本和公共资本的投资，提高了社会的资本存量，同时尽管提高了劳动回报率，但对就业造成了一定影响。

3. 减税与提高生产率的共同影响

尽管上述政策促进了经济的发展和投资的提高，但对就业造成了一定影响。考虑到发展是解决一切经济问题的根本，此处继续模拟了在提高经济系统中全要素生产率带来的影响，以进行政策对比和优选。

全要素生产率的增加意味着经济系统效率的提升，不仅表现为生产技术的提升，也表现为公共服务效率的提升和经济系统内部摩擦的减少，是经济整体升级的表现。参考Torres（2015），假设经济获得正向中性技术冲击，正如根据式（3.15）所示，全要素生产率服从一阶自回归过程，冲击发生时，全要素生产率初始增加一个标准差，由于全要素生产率随机过程的持续性，冲击将在整个持续过程产生影响。为对比全要素生产率对经济系统的影响，并与税收调整政策对比，本节将全要素生产率冲击加载在未进行税收调整的原政策，以及进行税收调整政策之后。具体结果如表 3. 2 所示。

表 3. 2　经济变量在不同政策下的对比

变量＼政策	政策 0[a]：原有效税率	政策 1[b]：税率调整	政策 2[c]：全要素生产率冲击	政策 3[d]：政策 1+政策 2
	Ⅰ	Ⅱ	Ⅲ	Ⅳ
产出	1. 67739	1. 69321	1. 6808	1. 6965
消费	0. 999714	0. 993723	1. 0014	0. 9954
私人投资	0. 593808	0. 614827	0. 5953	0. 6163
投资回报率	0. 120067	0. 11701	0. 1201	0. 1170
公共投资	0. 0930113	0. 0938885	0. 0932	0. 0941
私人资本存量	6. 28673	6. 51181	6. 3027	6. 5272
公共资本存量	1. 0228	1. 03245	1. 0249	1. 0344
劳动量	0. 610911	0. 603959	0. 6109	0. 6039
工资	1. 51015	1. 54193	1. 5130	1. 5447
税收收入	0. 297883	0. 293754	0. 2985	0. 2942

数据来源：以上变量各值均为 MATLAB 计算结果。

a. 政策 0 即为原政策，在当前有效税率下，即对消费课的流转税税率为 12. 8%，对资本所得课税的税率为 24. 6%，对劳动所得课税的税率为 5. 9%。

b. 政策 1 为本研究得到的最优税率，即保持流转税税率不变，资本所得税税率降低为 15%，劳动所得税税率提高为 10%。此列为要素冲击下各变量的均值。

c. 政策 2 为在原政策状况下，经济受到全要素生产率的冲击。

d. 政策 3 为按照政策 1 调整税率的经济系统，受到全要素生产率的冲击。此列为要素冲击下各变量的均值。

表 3. 2 中第Ⅰ列与第Ⅱ列的对比，已在本章第三节中体现。第Ⅱ列及第Ⅲ列的对比体现出调整税率政策与进行全要素生产率冲击的差异。可以看出一个标准差的全要素生产率冲击可以使税收收入的规模与原政策基本保持不变，但产出增加幅度较税率调整政策减少 0. 01 个百分点，此外，私人资本存量、公共资本存量都比税率调整政策减少，但消费量和劳动量都比税率调整政策多，可以看出，全要素生产率提升比税率调整政策对经济的促进作用更

全面和温和。

政策 2 的冲击响应函数如图 3.14 所示。可以看出产出在冲击发生后开始增加，并且增加的幅度在前 6 期持续上升，之后相对稳态值的偏离逐渐衰退，尽管如此，经过 20 期后，产出仍高出稳态 1.5%。因此，全要素生产率的正向冲击对产出水平具有正向的促进作用。最终产出均值高于原政策的稳态值。

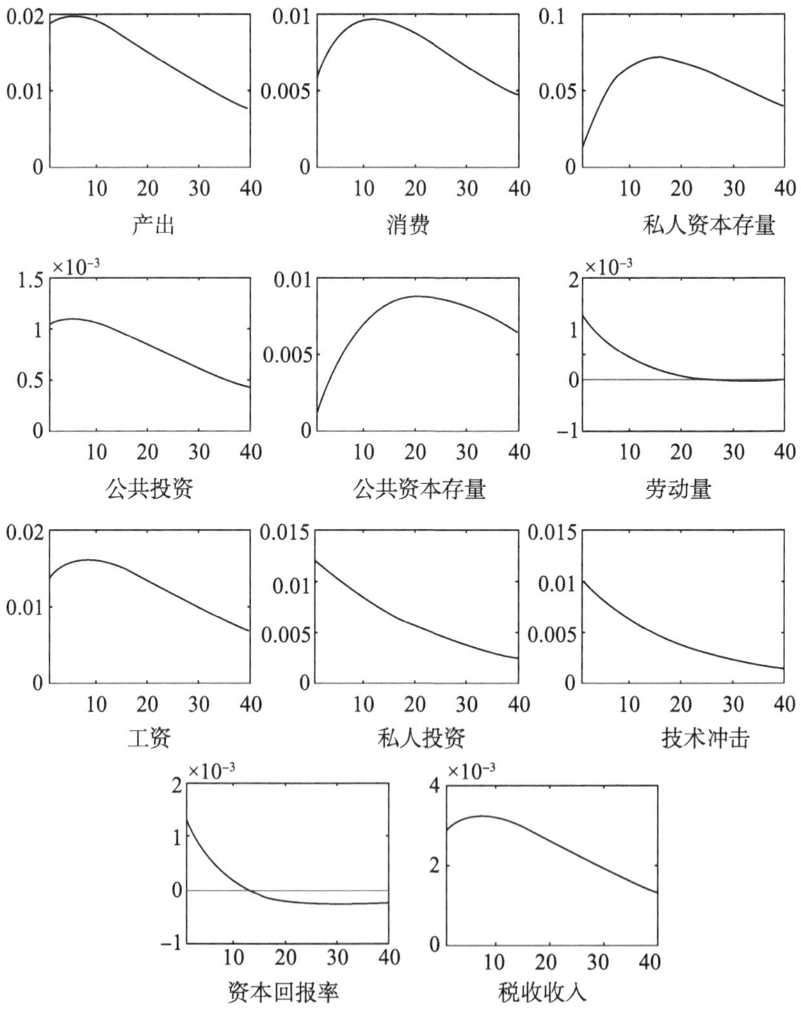

图 3.14　一个标准差的全要素生产率技术冲击对原税率政策的冲击响应函数

注：图中浅颜色的线为采用政策 0 时（即未实施税率调整政策）的稳态值，横轴为期数，纵轴数值为各变量受到冲击后相对稳态值的偏离程度。

受到冲击的影响，消费呈现出先上升再下降的形态，但相对稳态的增加幅度并不高。私人资本与技术冲击表现出相似的形状，受冲击的影响，私人资本立即获得 1.25%的正向偏离，之后缓步下降，受此影响，私人资本存量经历了先上升后下降的过程。公共资本投资和公共资本存量与私人资本相似，但公共投资获得正向偏离幅度更小。技术冲击对劳动量的影响相比税率政策的变动更为友好，在图中也可以体现，冲击发生后，劳动量获得了小幅增长，但之后涨幅逐渐衰退，在 20 期左右，劳动量回归稳态，并有微小的偏低。从要素回报来看，技术冲击对资本回报率呈现从正向偏离到负向偏离的过程，偏离幅度较小，最终将比稳态值偏低。技术冲击使工资立即获得了 1.5%的正向偏离，并且持续上升 10 期，之后正向影响逐渐衰退，最终均值比稳态值高 0.3%。

考虑到税率调整政策对经济产出及投资促进作用明显，而对就业具有消极作用，技术冲击在保就业方面更有优势，本研究将两个效果结合考虑，不仅进行税率政策的调整，也考虑实际中全要素生产率的提高，以期获得多维度综合效果的实现。税率调整和全要素生产率技术冲击综合作用的结果如表 3.2第 IV 列所示，其脉冲响应函数如图 3.15 所示。

受到税率调整政策和正向技术冲击双重刺激下，产出在单纯税率调整政策的基础上，获得了进一步的提升，比政策 1 情况下提升 0.0033 个百分点。私人投资、公共投资、私人资本存量、公共资本存量等变量，具有与产出类似的效果，说明，税率调整政策具有基础性作用，全要素生产率的冲击强化了这些变量的变动幅度，促进了投资与资本积累，社会总体资本存量达到产出的 4.46 倍，稍高于其他三个政策情况。然而，劳动量并没有取得预期的增加，其平均值与税率调整政策的效果相当，但在冲击发生的初期劳动量仍有小幅增加，只是增加幅度逐渐衰退，以至于在 20 期附近，回到稳态值稍低的水平，并在稳态附近持续下去。这说明，提高劳动所得税税率对劳动量的影响是不利的，全要素生产率的提高，又会增加资本对劳动的替代作用，最终引起劳动量的降低，相比原政策和政策 2 降低 0.7 个百分点，从总量上来看对稳就业仍有轻微不利影响，与此相伴随的是工资收入在税率调整政策的基础上继续提高 0.28 个百分点，且高于投资回报率的增幅，对已就业劳动量产生利好。

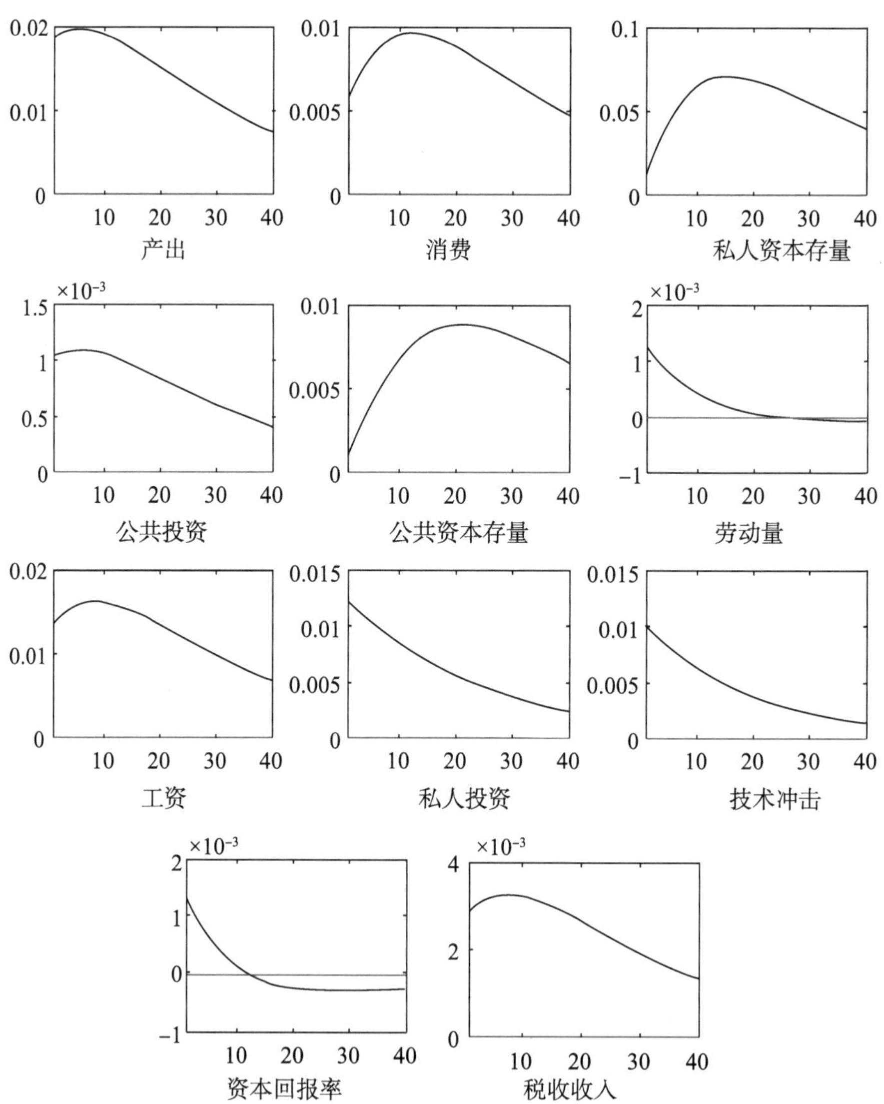

图 3.15　一个标准差的全要素生产率技术冲击对税率调整政策的冲击响应函数

注：图中浅颜色的线为采用政策 1 时（即实施税率调整政策）的稳态值，横轴为期数，纵轴数值为各变量受到冲击后相对稳态值的偏离程度。

第四章　结论与政策建议

第一节　结论

本书围绕 X 省减税空间与最优税负问题展开研究，力求回答以下三个问题：一是 X 省是否面临较大的财政压力？二是 X 省的减税空间还有多大？三是如何选择税收政策，以实现最优的税收安排。研究得到以下结论。

第一，当前 X 省政府的财政压力属于全国最轻的省份之一，但呈现逐年上升的趋势。政府应从经济发展的角度缓解财政压力，避免通过调整支出结构，特别是避免通过降低教育、科技等支出所占比重来缓解压力，以积聚未来的经济发展潜力。

第二，从减税空间看，受国内外经济形势的约束，以及 X 省进入老龄化社会、城市建设与发展等支出增长的刚性需求，进一步减税的空间较小，支出刚性化必然只能依靠发展，实现该省经济实力和政府财政收入的提升。

第三，在保证政府税收收入基本不变的情况下，通过调整税率结构，可以促进产出的增长。研究通过 DSGE 模型分析发现，在保持流转税税率不变、资本所得税税率降低 9.4 个百分点，劳动所得税税率提高 4.1 个百分点的情况下，可实现产出的最大幅度增加，同时也会提高私人资本与公共资本的流量及存量。但这一政策会对就业产生一定不利影响。提高全要素生产率即经济系统的效率，会进一步强化产出增幅的优势，并在一定程度上减缓对就业的不利影响。从这一结论来看，在进行税率调整政策时，仍应不遗余力地发展经济，在经济发展中缓解政策的不利方面，同时增强政策实施效果。

第二节 政策建议

结合以上结论，本书提出以下建议。

第一，集中精力发展经济。“发展是解决我国一切问题的基础和关键”，减税带来的财政减收、支出增长等问题都可以通过发展予以缓解，或在经济发展中消失。

第二，适度提高劳动所得税税率，降低企业所得税税率。研究中发现目前劳动所得税税率和企业所得税税率还未处于最优税负点，提高劳动所得税税率、降低企业所得税税率可以进一步提高产出。此外，提高劳动所得税税率对缩小税后收入差距的作用路径最短，有助于实现分配公平。降低企业所得税税率，有助于促进资本投资、激发市场活力。虽然税收优惠政策使我国企业所得税实际税率低于名义税率，但在全球减税的国际比较中，我国企业所得税的名义税率还是显得偏高。因此，直接降低名义税率，使其接近实际税率，既可以让更多经济主体享受低税率红利，又可以降低纳税遵从成本提高征管效率，还可以纠正大量税收优惠造成的扭曲，发挥市场主体作用。

第三，适度降低增值税税率。本书在研究三种税各自合理的税负区间时发现，流转税与税收收入呈现正相关关系，降低流转税税率会影响政府税收收入。但是考虑到以下两个原因，研究仍然建议在政府存在减税空间时，降低流转税税率。主要是考虑到流转税具有明显的税负转嫁性。尽管缺乏数据支持，但从增值税、消费税制度角度分析，消费者最终承担了大部分流转税税负。在当前依靠国内消费拉动经济增长的阶段，应通过降低增值税税率，减轻消费者税收负担，增加消费者可支配收入，以降低居民的负债率，增加储蓄率。在经济下行压力较大的时期，流转税特别是增值税，增加了企业的资金流转压力和资金占用负担。降低增值税税率，简化税率形式，也有利于降低中间环节企业的资金压力。因此，降低流转税特别是增值税税率，将是扩大内需战略同深化供给侧结构性改革战略的有机结合点。

第四，税收减少、支出刚性，在一定程度上会导致政府财政压力的提升。高增长或高通胀是降低政府债务的有效方式。然而，高通胀对经济的危害不言而喻，因此，政府的核心经济目标应为通过经济高增长缓解政府债务问题。回到第一个建议，在经济保持高增长的情况下，政府债务、减税降费带来的减收问题都将得到有效解决，并不需要把降低债务作为首要经济政策目标。然而经济危机、自然灾害、战争，在世界范围发生的频率有增无减，国内及X省本地的经济也会间接受到大大小小各种影响，公共财政也会受到影响，这些影响的累积会增加政府财政风险。因此，政府需有防患于未然的忧患意识，在经济发展的正常年份保持较低的债务负担，以应对非常年份的冲击。

第五章　总报告

经济的发展离不开政策的保驾护航，我国从2008年起先后实施了几轮减税降费政策。早期以应对国际金融危机后的全球减税浪潮，中期为缓和经济发展趋缓态势、减轻企业负担、激发实体经济活力，到近些年，面对国际趋冷的经济环境、国内结构性改革以及新冠疫情的冲击，政府不断出台减税降费政策，用政府收入的“减法”换取经济主体的“加法”。

在全国减税降费的大环境下，X省相继出台了一系列财政税收政策。这些政策的实施成为X省深化供给侧结构性改革、稳定经济、促进社会发展的重要举措。不可否认的是，减税降费的实施也挤压了X省地方政府的财政收入，应对老龄化等地方政府刚性支出约束则进一步降低了财政支出的弹性空间，持续多年的减税降费最终可能会引起政府债务的上升，增加财政压力。根据该省2019年预算执行情况和2020年预算的报告，截至2019年底，X省政府债务余额为0.57万亿元，按照审计口径计算的政府债务率为46.1%。相比2018年，2019年债务余额增加687.2亿元，而全口径财政收入仅增加566.9亿元。尽管债务规模适度，风险总体可控，但也面临着一定的财政风险。本书旨在研究X省减税降费的空间以及最优税负问题，试图回答以下三个问题：一是X省是否面临较大的财政压力？二是X省的减税空间还有多大？三是如何选择税收政策，以实现最优的税收安排。

围绕上述三个问题，本书主要包括以下三部分研究内容。

（1）X省财政压力的衡量与比较。此部分以财政赤字占地区生产总值的比值作为衡量财政压力的指标。根据统计数据，计算了 X 省 2008—2019 年各年的财政压力值。作为比较，以相同方法测算了全国 31 个省、自治区、直辖市（由于数据缺失，不含港澳台地区及西藏自治区）的同期财政压力。研究发现，X 省属于全国财政压力最小的省份之一。具体而言，在 2008—2012 年间财政压力值处于 2.18%—2.99%，位列我国其他主要经济大省之后。在 2013—2019 年间均位于全国前列。但从数值上看，2013—2019 年全国各省的财政压力均有所增加，X 省的财政压力也上升至 3%以上，特别是 2018 年达到最高点，这说明相比 2008—2012 年，2013 年以后（也是减税降费持续进行的年份），全国各省包括 X 省的财政压力均有不同程度的提高，只是 X 省提高的幅度相对较小，以至于在全国属于财政压力最轻的省份之一。总体而言，由于经济发展程度较高，X 省财政的自给自足能力强，对财力的支配、管理和控制能力也较强，但受全球经济增速放缓以及新冠疫情冲击的影响，X 省的财政压力也逐年上升。

已有研究表明，政府财政压力的提高，会对财政支出结构产生影响。特别是会对一般公共服务、教育、科技等财政支出项目产生负面影响。这也是本书在研究减税降费空间时关注的视角。基于此，在第二部分——X 省减税空间的估算中，设定了不同的情景，在社会保障、卫生健康与城乡社区发展、教育、科技创新等财政支出领域保持必要支出增长的前提下，估算 X 省的减税降费空间。

（2）X 省减税空间的估算。依据地方政府的财政平衡公式，即地方一般公共预算收入+地方结转结余及调入资金+中央财政税收返还和补助收入+地方政府一般债务收入+动用预算稳定调节资金=地方一般公共预算支出+补充预算稳定调节资金+上缴中央财政支出+地方政府一般债务还本支出+结转下年支出，本书在推算未来各个变量变化趋势的情况下，以当年的盈余资金额度为当年减税降费的空间。通过设定五个假设前提，估算了五种不同情形下，X 省财政在 2021—2023 年的减税降费空间。

五个假设前提分别是，假设 2021—2023 年 X 省生产总值年均增长率为

8%、X省一般公共预算收入的年均增长率为10%，财政支出年均增长率为6%，调入资金不增长，每年保持260亿元，结转收入不增长，每年保持230亿元，中央税收返还每年增加5%。五种情形以及减税空间如下。情景一，严控财政支出，压缩非重点性一般支出10%，同时，为应对老龄化问题，社会保障支出和医疗支出在原有基础上增加5%—8%。政府债务逐年增加25%。测算出政府在2021—2023年的减税空间分别为［-110，58］亿元，［321，421］亿元，［583，854］亿元。情景二，严控财政支出，对非重点性一般支出压缩10%，同时，考虑到老龄化问题及新冠疫情时期疫情防控的需要，卫生健康支出在原有基础上增加8%，同时为实现该省总体规划（2017—2035年）中构建具有全球影响力经济体的发展目标，增加行政运行、社会治理等方面的支出，城乡社区支出在原有基础上增加1%—2%，政府债务依旧增加25%。此种情景下估算的2021—2023年的减税空间分别为［-97，49］亿元，［213，397］亿元，［609，822］亿元，与情景一的减税空间较为接近。经济的长远发展离不开教育及科技创新，情景三从此角度出发，假定2021—2023年科学技术支出、教育支出在原增速的基础上继续增加1%—2%，同时继续压减非重点性一般支出10%，假定政府债务收入年增速为20%—25%。由此测算出2021—2023年的减税空间分别为［-79，109］亿元，［247，510］亿元，［571，999］亿元，比前两者减税空间大。情景四是考虑到应对老龄化支出及卫生健康与城乡社区事务支出均不可或缺，因此，将情景一和情景二相结合进行估算，即在压减非重点性支出10%的基础上，增加社会保障和就业支出，且逐年增加8%，卫生健康支出在原增速基础上继续增加5%，城乡社区支出在原增速基础上增加1%，政府债务增加25%。由此测算出三年的减税空间分别为-125亿元、129亿元、445亿元。情景五将情景一、情景二、情景三相结合，既考虑老龄化刚性支出，又考虑疫情应急支出及教育科技支出，测算出的减税空间分别为-284亿元、-92亿元和143亿元，即2021年、2022年两年将没有减税空间，2023年的减税空间也较小。考虑到减税空间主要受财政支出的影响较大，为扩大减税空间规模，应从促进X省经济发展，进而增加财政收入的角度推进。

（3）X 省最优税负研究。根据第二部分，在未来减税空间有限甚至没有减税空间的情况下，当前的普惠性减税将逐步调整为结构性减税。第三部分利用动态随机一般均衡模型（DSGE），分析了 X 省宏观税负和单一税种税率的合理空间。并在保持现阶段税收收入不变的情况下，从结构性减税角度展开研究，分析了劳动所得税和资本所得税的不同税率组合与产出的关系，并将获得最大产出的税率组合作为最优税负。之后，分析了从当前税率到最优税率的变动对经济系统产生的影响。最后，对比了税率调整政策以及生产率提高带动的经济系统变化。通过结合税率调整和生产率提高的政策，综合各自优劣势，其目的是实现经济系统的平衡发展。具体来看，研究构建了包含居民、厂商、政府的三部门动态随机一般均衡模型（DSGE），设置了流转税、资本所得税、劳动所得税，覆盖我国当前三大主体税种。并针对地方政府行为进行了修正，在模型参数校准中尽量反映 X 省特征，最终形成包含 13 个方程和 13 个变量的动态随机一般均衡模型。以此模型分析了如下问题。第一，通过求解模型稳态值，以 Laffer 曲线视角，研究了 X 省宏观税负的合理区间为［0，0.22］，根据测算，X 省当前的宏观税负为 21.75%，处于合理区间内。同时，研究了三种税各自的合理动态区间，其中流转税与政府税收收入呈正向关系，没有合理动态空间；资本所得税的合理动态区间为［0，0.7］，以文献中资本所得税的有效税率 24.6% 为当前税率，处于合理空间中；劳动所得税的合理区间为［0，0.52］，以文献中劳动所得税的有效税率 5.9% 为当前税率，也处于合理空间中。第二，在保持当前流转税率不变以及政府税收收入不变的情况下，利用此模型分析了资本所得税、劳动所得税以何种组合可以实现 X 省产出的最大化，也即最优税负的问题。本研究测算出在流转税率不变的情况下，能带来最大产出的劳动所得税税率与资本所得税税率组合为［0.1，0.15］，按照模型给定的劳动有效税率 5.9%、资本有效税率 24.6% 计算，这意味着可以提高劳动所得税率 4.1 个百分点，降低资本所得税率 9.6 个百分点。研究还发现，从单一税种来看，税率越低，产出越高。第三，上述税率调整将对经济系统产生影响，因此，本书继续研究了税率调整后经济系统中各变量发生的变化，结果发现，税率调整政策最终实现了产出的增加，促进了私人资本和公共资本的投资，提高了社会的资本存量，提高了劳动回报率，但对就业造成了不利影响。第四，由于此政策对就业会产生一定影响，本书研究对比了此政策与全要素生产率提高即经济整体效率提升对各变量的影响差异。结果发现，全要素生产率的提高对经济各变量的影响更为全面和温和，特别是没有对就业产生不利影响，但对产出和投资的促进作用没有税率调整政策突出。第五，研究最终对比了税率调整政策、全要素生产率的提高以及两者的组合。最终结论是，按照上述研究得出的最优税率模拟实施的税率调整政策，能够实现产出的增加、投资促进与资本积累，但对就业会产生不利影响，如果在实施税率调整中，结合提高全要素生产率以提升经济效率，将会进一步促进产出及投资的提高，同时会在一定程度上缓解最优税率政策对就业的不利影响。

本研究针对 X 省减税降费的空间及最优税负问题，特别是在保持税收收入不变的情况下，通过两种税率的组合搭配以获取最大产出的思路，体现了一定的学术价值和应用价值，本研究成果也可为政府制定税收政策提供边际贡献。

参考文献

[1] 陈小亮．中国减税降费政策的效果评估与定位研判［J］．财经问题研究，2018（09）：90-98.

[2] 庞念伟．纳入预期的结构性减税政策效果分析：基于动态随机一般均衡模型［J］．金融发展研究，2019（01）：37-44.

[3] 王业斌，许雪芳．减税降费与经济高质量发展：来自小微企业的微观证据［J］．税务研究，2019（12）：16-21.

[4] 杨森平，刘晓瑛．减税降费与企业价值：来自上市制造业企业的证据［J］．税务研究，2020（08）：11-18.

[5] 李传宪，周筱易．减税降费降低了企业债务融资成本吗［J］．财会月刊，2020（24）：26-31.

[6] 孙化钢．中国减税空间与最优宏观税负研究［J］．东北财经大学学报，2016（03）：65-71.

[7] 闫坤，于树一．开启减税降费的新时代：以降“税感”拓展政策空间［J］．税务研究，2018（03）：3-9.

[8] 张鹏辉，李雅敏．减税降费的实践、效果与空间测算［J］．西部金融，2020（09）：7-16.

[9] 郭彦卿．经济增长率最大化的最优宏观税负估计［J］．山东经济，2010，26（05）：105-110.

[10] 杨灿明．减税降费：成效、问题与路径选择［J］．财贸经济，2017，

38（09）：5-17.

[11] 庞凤喜，牛力．论新一轮减税降费的直接目标及实现路径［J］．税务研究，2019（02）：5-11.

[12] 丛中笑，蒋武鹏．减税降费背景下预算监督的逻辑进路与实现路径［J］．税务与经济，2020（01）：33-38.

[13] 张念明．新一轮减税降费的实施路径分析［J］．中南财经政法大学学报，2020（01）：98-104.

[14] 黄婕．减税降费背景下基层财政的可持续发展：以江苏海门为例［J］．地方财政研究，2019（11）：39-45.

[15] 张学诞，李娜．减税、经济增长与财政可持续性：来自地方债务水平的证据［J］．财贸研究，2020，31（10）：41-51.

[16] 刘安长．基于减税降费政策的财政可持续性问题研究［J］．学习与实践，2019（04）：5-15.

[17] 张曾莲，张瀚之．财政赤字影响政府债务风险的门槛效应研究［J］．华东经济管理，2019，33（01）：107-111.

[18] 范小敏，徐盈之．财政压力、土地出让方式与空间竞争［J］．山西财经大学学报，2018，40（11）：13-26.

[19] 余英，李晨．流动人口市民化的财政压力效应：基于28个核心城市面板数据的分析［J］．商业研究，2018（08）：161-166.

[20] 毛捷，韩瑞雪，徐军伟．财政压力与地方政府债务扩张：基于北京市全口径政府债务数据的准自然实验分析［J］．经济社会体制比较，2020（1）：22-33.

[21] 高正斌，倪志良．财政压力、环境规制与污染［J］．西南民族大学学报（人文社科版），2019，40（10）：115-124.

[22] 约翰·希克斯．经济史理论［M］．厉以平，译．北京：商务印书馆，1987.

[23] 斯蒂芬·贝利．地方政府经济学：理论与实践［M］．左昌盛，周雪

莲，常志霄，译．北京：北京大学出版社，2006.

［24］郁刚．地方政府财政压力对国企资源配置及绩效的影响［J］．求索，2008（02）：23-25.

［25］罗必良．分税制、财政压力与政府“土地财政”偏好［J］．学术研究，2010（10）：27-35.

［26］梁媛．地方财政压力对财政支出结构变化的影响研究［D］．上海理工大学硕士学位论文，2019.

［27］梁红梅，张卫峰．中国消费、劳动和资本收入有效税率估算研究［J］．中央财经大学学报，2014（12）：3-12.

［28］李晓芳．运用状态空间模型估计我国动态的最优宏观税负［J］．财政研究，2007（02）：26-28.

［29］马拴友．宏观税负、投资与经济增长：中国最优税率的估计［J］．世界经济，2001（09）：41-46.

［30］刘凤良，于泽，李彬．持续经济增长目标下的最优税负和税收结构调整［J］．经济理论与经济管理，2009（03）：41-47.

［31］董玉婷，董承章．影响中国经济增长的最优宏观税负水平研究：基于状态空间模型的实证分析［J］．中央财经大学学报，2009（02）：11-14.

［32］姚林香，汪柱旺．我国最优宏观税负水平实证研究：基于经济增长的视角［J］．当代财经，2016（03）：33-42.

［33］林依娴．我国最优宏观税负的界定［J］．当代经济，2007（08）：122-124.

［34］陈彦斌，陈惟．中国宏观税负的测算及启示［J］．财经问题研究，2017（09）：3-10.

［35］郭玉清，连晨浩，蒋冉．中国最优宏观税负规模的估算［J］．统计与决策，2007（19）：108-111.

［36］赵薇薇．从大、中、小口径分析我国宏观税负水平［J］．涉外税务，2009（11）：30-33.

[37] 张东敏，王彦奇．吉林省最优宏观税负水平计量分析 [J]．当代经济，2018（16）：43-45.

[38] 王凤英，张莉敏．我国最优宏观税负实证研究：基于拉弗曲线理论 [J]．生产力研究，2013（02）：16-18，5.

[39] 罗捍东，丁丹．我国最优宏观税负水平估计与分析：基于 Barro 内生增长理论与动态规划最优增长模型 [J]．中国管理科学，2015，23（S1）：391-397.

[40] 贺俊，王戴伟．最优宏观税负、政府支出结构和消费增长：基于内生增长模型的分析 [J]．天津大学学报（社会科学版），2018，20（02）：105-109.

[41] 张衔，徐强．中国宏观税负的最优动态区间与结构性减税：基于税收政策目标均衡的视角 [J]．社会科学战线，2020（02）：58-68.

[42] 古志辉，蔡方．中国 1978~2002 年的财政压力与经济转轨：理论与实证 [J]．管理世界，2005（07）：5-15.

[43] 田志刚，伍禄金，李峥．完善中央与地方财政关系的制度路径与策略 [J]．税务研究，2013（07）：28-31.

[44] 贾康，白景明．县乡财政解困与财政体制创新 [J]．经济研究，2002，(02)：3-9.

[45] 缪小林．中国潜在财政危机思考：一个基于债务、赤字与总供给的分析框架 [J]．财政研究，2017（11）：2-18.

[46] 楼嘉军，刘松，徐爱萍，马红涛．中国城市休闲方式研究：上海市、武汉、成都的考察 [M]．上海：上海交通大学出版社，2019.

[47] 朱军，姚军．中国公共资本存量的再估计及其应用：动态一般均衡的视角 [J]．经济学（季刊），2017，16（04）：1367-1398.

[48] 何塞·路易斯·托雷斯．动态宏观经济一般均衡模型入门 [M]．刘斌，译．北京：中国金融出版社，2015.

[49] 李向阳．动态随机一般均衡（DSGE）模型理论方法和 Dynare 实践

[M]. 北京：清华大学出版社，2018.

[50] 刘斌. 动态随机一般均衡模型及其应用 [M]. 北京：中国金融出版社，2018.

[51] 隋京岐，张雷，王浩源，王家琪. 基于聚类分析和时间差分的减税降费空间研究 [J]. 南京师范大学学报（自然科学版），2020，43（03）：16-22.

[52] 李莹. 减税降费的需求、空间与政策建议 [J]. 发展研究，2019（05）：27-31.

[53] DANDAN DANG, HONGSHENG FANG, MINYUAN He. Economic policy uncertainty, tax quotas and corporate tax burden: Evidence from China [J]. China Economic. Review, 2019, 56, 101303.

[54] LORENZO ABBIATI, ARMENAK ANTINYAN, LUCA CORAZZINI. A survey experiment on information, taxpayer preferences, and perceived adequacy of the tax burden [J]. Heliyon, 2020, 6 (3).

[55] DARÍO SERRANO-PUENTE. Optimal progressivity of personal income tax: a general equilibrium evaluation for Spain [J]. Journal of the Spanish Economic Association, 2020, 11 (4): 407-455.

[56] CARMEL GOMEH, MICHEL STRAWCZYNSKI. Simulating corporate tax rate at Laffer curve's peak using microdata [J]. Journal of Economics and Business, 2020, 112, 105930.

[57] BOQIANG LIN, ZHIJIE JIA. Tax rate, government revenue and economic performance: A perspective of Laffer curve [J]. China Economic Review, 2019, 56, 101307.

[58] W. J. M. HEIJMAN, J. A. C. VAN OPHEM. Willingness to pay tax: The Laffer curve revisited for 12 OECD countries [J]. The Journal of Socio-Economics, 2005, 34 (5): 714-723.

[59] YOONSEOK CHOI, SUNGHYUN KIM. Dynamic scoring of tax reforms in

a small open economy model [J]. Economic Modelling, 2016, 58: 182-193.

[60] JEFFREY I. CHAPMAN. State and local fiscal sustainability: The challenges [J]. Public Administration Review, 2008, 68: 115-131.

[61] A. B. M. MAHBUB ALAM, MANZURUL ALAM, ARIFUL HOQUE. Spending pressure revenue capacity and financial condition in municipal organization: An empirical study [J]. The Journal of Developing Areas, 2019, 53 (1): 243-256.

[62] VAIBHAV KHANDELWAL. Impact of energy consumption GDP & fiscal deficit on public health expenditure in India: An ARDL bounds testing approach [J]. Energy Procedia, 2015, 75: 2658-2664.

[63] MARKO VLADISAVLJEVIC. The public sector wage premium and fiscal consolidation in Serbia [J]. Economic Annals, 2017, 62 (215): 111-133.

[64] BOX, G. E. P. Robustness in the strategy of scientific model building [M]. // Launer, R. L., Wilkinson, G. N., Robustness in Statistics, Academic Press, 1979: 201-236.